Das Verhältnis der Europäischen Union zur NATO –
Zwischen gegenseitiger Blockade und
strategischer Partnerschaft

Beiträge zur europäischen Integration aus der FHVR Berlin
Band 9

Carsten Peter

Das Verhältnis der Europäischen Union zur NATO – Zwischen gegenseitiger Blockade und strategischer Partnerschaft

Fachhochschule für Verwaltung und Rechtspflege Berlin
– University of Applied Sciences –

© 2007 Fachhochschule für Verwaltung und Rechtspflege Berlin
University of Applied Sciences, Alt-Friedrichsfelde 60, 10315 Berlin,
Telefon: (0 30) 90 21 40 05, Fax: (0 30) 90 21 40 06, www.FHVR-Berlin.de

Alle Rechte, auch die des Nachdruckes von Auszügen, der fotomechanischen
Wiedergabe und der Übersetzung, vorbehalten.

Satz und Herstellung: Books on Demand GmbH, Norderstedt
Bezug durch den Buchhandel oder direkt durch:
Books on Demand GmbH, Gutenbergring 53, 22848 Norderstedt, www.bod.de

ISBN: 978-3-933633-91-0

Vorwort zur Publikationsreihe

In der vorliegenden Reihe „Beiträge zur europäischen Integration" werden herausragende wissenschaftliche Arbeiten publiziert, die aus den einschlägigen Forschungsaktivitäten an der FHVR Berlin und dem Netzwerk der mit ihr kooperierenden Hochschulen hervorgehen. Damit soll nicht allein die Vielfalt und Qualität der in diesem Rahmen geleisteten Forschung dokumentiert werden, damit wird auch beabsichtigt, die Diskurse um die zukünftige Gestalt Europas und die Funktion der Europäischen Union zu befördern. Der wissenschaftliche Streit und die öffentliche Debatte sind originäre Bestandteile der europäischen Kultur, das moderne Europa ist ein Ergebnis jahrzehntelanger Diskussions- und – manchmal auch quälender – Lernprozesse, an diesen Prozessen aktiv beteiligt zu sein, ist eine der vornehmsten Aufgaben unserer Zeit, und vermutlich ist das europäische Projekt heute mehr denn je auf die pointierte Mitwirkung der unabhängigen Wissenschaft, auf substantielle Reflektionen von Experten und Expertinnen der Praxis sowie auf das kompetente Engagement seiner Funktionsträger in Politik und Verwaltung angewiesen.

Nicht minder belangvoll ist die mögliche Rolle der vorliegenden Reihe bei der Europäisierung von Lehre und Studium: In diesem Sinne sollen die vorliegenden Publikationen zur verstärkten Thematisierung europäischer Inhalte in den Studiengängen der FHVR und zur besseren Verzahnung von Forschung und Lehre beitragen; denn für die meisten an der Ausbildung beteiligten Fachdisziplinen gilt, dass europäische Themen inzwischen zum genuinen Wissens- und Erkenntnisstand gehören. Europäisch vergleichende Analysen sind mittlerweile auf vielen Gebieten zu einem Standard des wissenschaftlichen Methodenkanons geworden und mit der Heterogenität der neuen Mitgliedstaaten wird ihre Bedeutung noch weiter wachsen. Sie sind ein geeignetes Mittel, um die vorhandene Vielfalt, die gemeinhin als inhärenter Reichtum des europäischen Kontinents gilt, in produktivem Sinne zu nutzen und voneinander zu lernen; sie können nicht nur das gegenseitige Verständnis füreinander vertiefen, sondern oft mehr noch zum besseren Begreifen der eigenen gesellschaftlichen Voraussetzungen beitragen.

Mit den in dieser Reihe publizierten Beiträgen geht es auch um die Integration von Wissenschaft und Praxis. Dabei sollen die Querverbindungen und Bezüge zwischen der akademischen Forschung und der politisch-administrativen Praxis mit dem übergreifenden Ziel gestärkt werden, die Legitimität und Effektivität staatlichen Handelns in – vorwiegend vergleichend – europäischer Perspektive zu diskutieren. Zum Einen sollen wissenschaftliche Auseinandersetzungen mit Problemen administrativer Praxis vorgelegt werden, die durch vergleichende Analysen auf Effektivitäts- und Effizienzpotenziale öffentlichen Handelns aufmerksam machen. Zum Anderen sollen mit den hier erscheinenden Publikationen die vielfach komplexen Rechtsgrundlagen und Verfahren europäischen Verwaltungshandelns transparenter gemacht und so implizit die europaspezifischen Kompetenzen der öffentlichen Akteure erweitert werden. Bei allen Klagen über die Komplexität des europäischen Normengeflechts ist die Verrechtlichung der zwischenstaatlichen Beziehungen gleichzeitig ein Markenzeichen des Integrationsprozesses, sie ist ein tragendes Fundament und ein Garant der gemeinsamen Zukunft. Allerdings ist bei der Umsetzung europäischen Rechts in nationalen, regionalen und lokalen Zusammenhängen in vielen Fällen keine starre Rechtsanwendung gefragt, sondern eine Anpassung der europäischen Rechtsvorschriften an die situativen Bedingungen, eine Interpretation im europäischen Geist und damit implizit eine Mitwirkung bei der ständigen Weiterentwicklung des rechtlichen Rahmens der europäischen Integration. So gesehen könnten die Beiträge auch dabei mithelfen, selbst die operative Ebene der öffentlichen Verwaltung zu einem konstruktiven Akteur des europäischen Integrationsprozesses zu machen.

Der Vielfalt der in dieser Reihe behandelten Themen sind nur wenige Grenzen gesetzt. Die Fundamente des symbolträchtigen europäischen Hauses sind in den letzten Jahren zwar zunehmend gefestigt worden: Mit der Erweiterung der EU nach Mittel- und Osteuropa wurde das Ende der Nachkriegsordnung und die Überwindung der historischen Teilung des Kontinents eingeläutet, mit der Einführung des Euro ist der wirtschaftliche Integrationsprozess und die Wirtschafts- und Währungsunion zu einem vorläufigen Höhepunkt geführt worden und mit dem vorliegenden Verfassungsentwurf tritt die Verrechtlichung der zwischenstaatlichen Beziehungen in eine neue Phase ihrer Entwicklung ein. Gleichzeitig geht der Prozess der europäischen Integration aber mit wachsender Dynamik voran und es stellen sich viele neue und alte, noch nicht bewältigte Herausforderungen: Der fortbestehende Globalisierungsdruck stellt das geschichtlich gewachsene europäische Gesellschaftsmodell permanent auf den Prüfstand, die im Zuge der Erweiterung der EU nach Mittel- und Osteuropa gewachsenen regionalen Disparitäten steigern die Komplexität des gemeinschaftlichen Regelungs- und Abstimmungsbedarfs, die notleidenden öffentlichen Haushalte, die Beschäftigungsprobleme und die demographische Entwicklung zwingen die europäischen Staaten zu einer rasanten Beschleunigung ihrer ökonomischen und sozialen Restrukturierungsprozesse, der sich verstärkende Migrationsdruck von außen fordert zu einer kontinuierlichen Auseinandersetzung mit der Spezifik europäischer Kultur- und Lebensformen heraus...

In groben Strichen ist der allgemeine Problemkreis der Beiträge damit skizziert, doch verdient zumindest ein Thema noch besonders Erwähnung zu finden: Die Entwicklung der deutsch-polnischen Kooperation stellt in politischer und kultureller Hinsicht vielleicht die größte Herausforderung der kommenden Jahre dar und im Rahmen ihrer Möglichkeiten wirken die FHVR Berlin und die Adam-Mickiewicz-

Universität in Poznan bei der gemeinsamen Durchführung des Studiengangs Europäisches Verwaltungsmanagement aktiv an diesem Projekt mit. Die Zukunft Europas hängt nicht allein von der Ausformung seiner rechtlichen Rahmenbedingungen ab, sondern ebenso von der Vertiefung der Zusammenarbeit zwischen den Institutionen und den wachsenden Bindungen zwischen den Menschen aus seinen verschiedenen Mitgliedstaaten. Trotz einer gemeinsamen Verfassung und trotz der symbolischen Kraft des Euro wird sich Europa weder als hoch verdichtetes Normengeflecht noch als gemeinsamer Wirtschafts- und Währungsraum auf Dauer halten. In diesem Sinne sollen die „Beiträge zur europäischen Integration" auch und gerade die grenzüberschreitende Auseinandersetzung um diesen Prozess unterstützen und im Ergebnis zur Bildung einer von seinen Bürgerinnen und Bürgern getragenen europäischen Zivilgesellschaft beitragen.

Prof. Dr. Erwin Seyfried
Wissenschaftlicher Leiter des Masterstudienganges
Europäisches Verwaltungsmanagement

Inhalt

1. Einführung und Problemaufriss

Nach Beendigung des Kalten Krieges bildete sich Ende der achtziger, Anfang der neunziger Jahre eine neue und veränderte Sicherheitslage heraus. Der Zerfall des Warschauer Paktes und die Auflösung der Sowjetunion hatten neben dem Wegfall des Ost-West-Bedrohungsszenarios eine Neuausrichtung und -definition der Sicherheitspolitik in der Welt zur Folge. In diesem Zusammenhang musste auch die Legitimation verschiedener Organisationen, z. B. der North Atlantic Treaty Organization (NATO) oder der Europäischen Union (EU) hinsichtlich ihrer Sicherheitsorgane, -einrichtungen und -aktivitäten kritisch überprüft und hinterfragt werden. Die NATO beispielsweise wurde 1949 als Allianz und kollektives Verteidigungsbündnis gegründet und war jahrzehntelang maßgeblich geprägt durch die Existenz des Eisernen Vorhanges und des gegenseitigen Abschreckungssystems zwischen Ost und West. Sowohl die sich später herausbildende gemeinsame Außen- und Sicherheitspolitik der Europäischen Union (GASP) als auch die Europäische Sicherheits- und Verteidigungspolitik (ESVP) mussten sich mit der oben aufgeführten neuen Sicherheitslage auseinandersetzen. Dabei entstand nach dem Ende des Kalten Krieges keineswegs eine stabile und von Frieden und Demokratie geprägte Weltordnung, vielmehr hatte sich das Bedrohungsszenario grundlegend geändert. Internationaler Terrorismus, Proliferation, Aids, ethnische Spannungen, Internetkriminalität, Migration und organisiertes Verbrechen rückten in den Vordergrund und verdrängten die vorher bestehende bipolare Bedrohung durch zwei Supermächte bzw. Machtblöcke.

Die aktuelle außen- und sicherheitspolitische Diskussion wird nachhaltig bestimmt durch die Anschläge des 11. September 2001, dem Krieg auf dem Balkan, in Afghanistan und dem Irak sowie der schwelenden Atomwaffenproblematik im Iran und Nordkorea. Krieg als Kennzeichen und Konstante internationaler Politik bestimmt wieder zunehmend das politische Geschehen.

Die Terrorgefahr ist allgegenwärtig und nicht mehr auf bestimmte Staaten oder Kontinente beschränkt. Daher sind die Bekämpfung des internationalen Terrorismus und die internationale Kontrolle der Atomaktivitäten verschiedener Staaten als notwendige staatenübergreifende Aufgabe erkannt worden. Bisherige Verteidigungsaufgaben müssen neu definiert und aktualisiert, Rollen präzisiert und Handlungsabläufe verschiedener politischer Akteure auf ihre Wirksamkeit hin überprüft und angepasst werden. Daher rückt in der politischen Diskussion immer öfter das Zusammenspiel bzw. das Verhältnis der verschiedenen Institutionen, Organisationen und Akteure bezüglich einer gemeinsamen und abgestimmten Sicherheits- und Verteidigungspolitik in den Vordergrund. Grund hierfür ist die gemeinsame Erkenntnis, dass ein einzelnes Land oder eine Staatengemeinschaft allein die angeführten komplexen Aufgaben und Probleme nicht lösen können, da die Gefahr globaler und unberechenbarer auftritt und nicht mehr geografisch beschränkbar oder planbar ist.

2.   Ziele und Leitfragen

Nach diesem ersten Problemaufriss soll in der gegenständlichen Masterarbeit das Verhältnis zwischen EU und NATO als sicherheitspolitische Organisationen und Akteure näher untersucht werden. Das Spannungsfeld zwischen gegenseitiger Blockade und strategischer Kooperation steht dabei im Mittelpunkt der Betrachtungen. Auf Grund der vielfältigen politischen, historischen, gesellschaftlichen und wirtschaftlichen Einflüsse auf dieses Spannungsfeld erscheint eine Eingrenzung des Themas bezüglich des Untersuchungsgegenstandes notwendig und geboten. Folgende Leitfragen dienen der Konzentration auf bestimmte Kernaspekte und konkretisieren die Zielsetzung dieser Arbeit:

- Welche sicherheitspolitischen Hintergründe führten zur getrennten Herausbildung der ESVP in der EU und der NATO während und nach dem Kalten Krieg und welche historischen Meilensteine gab es in der Entwicklung beider Organisationen?
- Wie fügen sich EU und NATO in das Geflecht internationaler Organisationen ein?
- Bildet die Europäische Sicherheitsstrategie (ESS) einen Meilenstein in der Entwicklung der ESVP und zugleich ein neues Fundament für die strategische Zusammenarbeit und Partnerschaft zwischen EU und NATO?
- Welche Probleme und Schwierigkeiten sowie gegenseitige Hemmnisse lassen sich aus bestehenden EU-NATO-Kooperationen ableiten?
- Welche Bedeutung hat die Ost-Erweiterung beider Organisationen für das gegenseitige Verhältnis?
- Welche Möglichkeiten und Optionen einer künftigen Zusammenarbeit beider Organisationen sind denkbar?

Diese Kernfragen sollen in den folgenden Kapiteln systematisch aufgegriffen, behandelt und beantwortet werden.

In einem ersten Schritt werden sowohl die sicherheitspolitische Ausgangssituation als auch die historischen Meilensteine in der Entwicklung von NATO und EU dargestellt und aufgezeigt. Dabei nimmt der Autor eine Eingrenzung dahingehend vor, dass er sich auf wichtige Ereignisse konzentriert, die für die Einordnung der Organisationen selbst und ihrem Zusammenwirken relevant sind. Dies ist notwendig, um bereits erste historisch gewachsene Konflikte bzw. Probleme, aber auch Gemeinsamkeiten und durch geschichtliche Ereignisse ausgelöste Entwicklungen darzustellen. Dem Autor ist es wichtig, aktuelle Situationen, Handlungsweisen und Entwicklungen in Kenntnis dieser Hintergründe zu erläutern.

Nach der Untersuchung der rechtlichen Grundlagen beider Organisationen und einer Einordnung in das Gefüge internationaler Organisationen wird die Europäische Sicherheitsstrategie als Meilenstein in der Entwicklung der ESVP und der Beziehungen zwischen EU und NATO kritisch hinterfragt.

Die bestehenden EU-NATO-Kooperationen bilden ein weiteres Kapitel dieser Arbeit. Ausgehend von konkreten Beispielen[1] sollen vor dem Hintergrund einer Fähigkeits- und Kapazitätsanalyse Defizite und Konfliktlinien aufgezeigt werden. Die Bedeutung der Ost-Erweiterung für das gegenseitige Verhältnis beider Organisationen stellt ein weiteres Kapitel dieser Arbeit dar.

In der Schlussbetrachtung werden die Ergebnisse dann zusammengefasst und präsentiert. In einer Perspektivbetrachtung erfolgt zudem eine Vorstellung möglicher Formen künftiger Zusammenarbeit und deren Herausforderungen.

Folgende Sachverhalte und Aspekte werden im Rahmen der vorliegenden Masterarbeit nicht näher betrachtet und erläutert:[2]

- Rüstungspolitik, -export und -technologie
- Finanzierungsaspekte
- Verhältnis zu den Vereinten Nationen
- EU-Nachbarschaftspolitik.

---

[1]   Operation Artemis im Kongo und Operation Concordia in Mazedonien.

[2]   Diese Negativabgrenzung bedeutet jedoch nicht, dass die aufgeführten Themengebiete eine untergeordnete Bedeutung besitzen. Vielmehr sind sie für Teilaspekte in der allgemeinen und umfassenden Betrachtung von EU und NATO relevant, die jedoch bei der gegenständlichen Untersuchung außer Betracht bleiben.

3. Herangehensweise und Methodik

Um die Entwicklung dieser Masterarbeit zu skizzieren, wird nachfolgend kurz auf die Methodik und die Herangehensweise an die Thematik eingegangen. Neben einer theoriegeleiteten Inhalts- und Datenanalyse verschiedener wissenschaftlicher Dokumente und Quellen werden der historischen Dimension der Entwicklung beider Organisationen seitens des Autors große Bedeutung beigemessen. Die Strukturierung mittels der o. a. Leitfragen und der Einsatz verschiedener Arbeitstechniken, z. B. systematisches Beschreiben, Analyse, Erklärungsversuche, Interpretationen und Vergleichsbetrachtungen bilden die wissenschaftliche Grundlage dieser Arbeit. Darüber hinaus werden zudem Internetquellen und Presseartikel in die Betrachtung mit einbezogen, um einen Aktualitätsbezug herzustellen.

Grundlage für die Entwicklung dieser Arbeit und der Datenanalyse bildet nach Patzelt[3] die hermeneutische Methode in Verbindung mit der historischen Methode. Dabei wurde vom Autor ein analytisch – erklärender Ansatz mit zum Teil wertenden und kritischen Elementen gewählt. Ergänzt wird dieses Vorgehen durch Informationsgespräche.

---

[3] Vgl. hierzu Patzelt, Werner J., Einführung in die Politikwissenschaft, 5. Auflage, Passau 2003, S. 164

4. Die sicherheitspolitische Ausgangssituation

4.1   Während des Kalten Krieges

Nach der Truman-Doktrin[4] von 1947 musste sich jede Nation zwischen westlicher Demokratie – Freiheit sowie Kommunismus – Totalitarismus entscheiden. Die sowjetische Entsprechung hierzu war die Zwei-Lager-Theorie, wonach sich das imperialistisch – antidemokratische (angeführt durch die USA) und das antiimperialistisch – demokratische (angeführt durch die Sowjetunion) Lager unversöhnlich gegenüberstehen.[5] Aus diesen zwei Aussagen lässt sich die charakteristische Blockbildung in Sowjetunion und USA ableiten, welche insbesondere die Sicherheitspolitik nach dem Ende des 2. Weltkrieges maßgeblich bestimmte und bis 1989 Bestand hatte. Die jeweils andere Seite fühlte sich vom erklärten Gegner bedroht. Um das Gefühl von Sicherheit und insbesondere den Status-Quo zu gewährleisten, entstanden NATO und Warschauer Pakt als die bedeutendsten Bündnisse bzw. Regionalpakte der Nachkriegsgeschichte. Es formierte sich ein durchaus stabiles System gegenseitiger Abschreckung. Konventionelle Kriege ohne atomare Waffen wurden durch dieses System nicht gänzlich ausgeschlossen. Allerdings wurden viele Ansätze für kriegerische Aktivitäten sowie nationale und sonstige Konflikte durch den Ost-West-Konflikt gehemmt und durch die Ausrichtung auf den Gegner einfach unterdrückt, da die Gefahr der Eskalation in einen Atomkrieg nicht von vornherein auszuschließen war. In mehr als 40 Jahren Nachkriegsgeschichte blieb Europa weitestgehend verschont von Kriegen und größeren Konflikten. Die Koexistenz zweier völlig verschiedener Gesellschaftssysteme, zementierte Zustände und Machtverhältnisse bestimmten die Richtlinien in Politik, Sicherheit und Wirtschaft. Auch die Verteidigungsstrategien waren vorrangig auf die Abwehr von Angriffen großer Machtblöcke angelegt. Dieses gegenseitige Abschreckungssystem bewirkte somit eine Stabilisierung innerhalb der Blöcke. Es bildeten sich starre und jahrzehntelang etablierte und praktizierte Ordnungsmuster und Strukturelemente heraus. Es gab auch während des Kalten Krieges keinen allumfassenden Schutz vor Gefahren und kriegerischen Übergriffen, aber die Bedrohungen waren berechenbarer, planbarer. Die Gefahr war definiert als Bedrohung durch die Sowjetunion mit dem Kommunismus und der USA mit dem Kapitalismus.

Eine bipolare und berechenbare Welt, die von machtpolitischer Parität von USA und Sowjetunion und einem klar umrissenen Feindbild geprägt war, stellte die Nachkriegsordnung dar, welche grundsätzlich bis zur Beendigung des Ost-West-Konfliktes bestand. Am Beispiel Deutschland wird plastisch deutlich, was Ost-

---

4   Benannt nach dem damaligen amerikanischen Präsidenten Harry S. Truman.

5   Vgl. Varwick, Johannes / Woyke, Wichard, Die Zukunft der NATO, 2. Auflage, Opladen 2000, S. 21

West-Konflikt bedeutete. Durch Deutschland verlief eine Trennlinie, die nicht nur Ost und West, sondern auch die Machtblöcke teilte. Die Bedingungen des Kalten Krieges prägten außerdem militärische Strategie und Taktik. Auf Grund der geschilderten Frontenbildung und Frontstellung ergab sich das für die Verteidigung prägende Bild einer statischen Armee.

Doch diese Bipolarität hatte ebenso Einfluss auf die Länder der Dritten Welt. Während Europa zwischen zwei Supermächten sicherheitspolitisch erstarrte, gab es in der Dritten Welt sogenannte Stellvertreterkriege, die für die betreffenden Staaten und Regionen teilweise verheerende und destabilisierende Auswirkungen hatten. Die Sowjetunion unterstützte dabei kommunistische Staaten, der Westen solche Staaten, auch Diktaturen, mit westlicher Gesinnung. Zum Teil eskalierten diese Konflikte und so wurde der Ost-West-Konflikt zudem weit entfernt von Europa ausgetragen und ausgefochten.

4.2   Nach Beendigung des Kalten Krieges

4.2.1   Das Sicherheitsdilemma nach Wegfall des Ost-West-Konfliktes

Die unter Kapitel 4.1 beschriebenen, festgefahrenen Strukturen zwischen Ost und West kamen mit der Reformpolitik Gorbatschows wieder in Bewegung. Demokratiebestrebungen, der Wunsch nach dem schrittweisen Lösen von der kommunistischen Planwirtschaft und dem Einparteiensystem waren die ersten Reformansätze. Insbesondere in Ungarn, der Tschechoslowakei und Polen sowie der DDR fanden diese Ziele in der Bevölkerung immer mehr Sympathisanten. Diese Länder waren es auch, die bereits in den fünfziger Jahren mit Reformversuchen auf sich aufmerksam machten. Drohungen aus Richtung der Sowjetunion, zum Teil sogar mit militärischer Gewalt verbunden, waren die Antwort. Die Reformen wurden unterdrückt. Als 1989 die Berliner Mauer fiel und zwei Jahre später die Sowjetunion aufgelöst wurde und in die Gemeinschaft unabhängiger Staaten (GUS) zerfiel, endete auch die Ost-West-Konfrontation. Die Hoffnung auf ein sowohl politisch als auch wirtschaftlich vereinigtes Europa und damit eine neue Weltordnung nach dem Ende des Kalten Krieges bestimmte jetzt zunehmend das Stimmungs- und Meinungsbild.

Nach dem Zusammenbruch der Sowjetunion senkte sich aber auch die Schwelle zu lokalen und regionalen Auseinandersetzungen mit militärischen Mitteln. Die weitestgehend kriegsfreie Zone Europa während der Zeit des Eisernen Vorhanges gehörte der Vergangenheit an. Als Beleg hierfür sei der Krieg auf dem Balkan erwähnt. Zudem müssen in der Sicherheitspolitik jetzt Faktoren berücksichtigt werden, die es in dieser Dimension während des Kalten Krieges noch nicht gab.

Der internationale Terrorismus, das organisierte Verbrechen, die Bedrohung durch religiöse Fundamentalisten, Konfliktherde im Nahen Osten und Nordafrika sind solche Faktoren. Von ihrer Art her sind diese jedoch keineswegs neu. Allerdings stellen das Ausmaß, die Qualität und ihre nahezu globale Präsenz ein neues Kapitel in der Sicherheitspolitik dar. Deutschland blieb bisher von Anschlägen terroristischer Gruppierungen verschont, allerdings zeigen die Terrorakte von Madrid und London, dass dies kein Garant für die Zukunft ist und sein kann. Zudem weisen Erkenntnisse in jüngster Zeit daraufhin, dass Deutschland noch nicht Adressat oder Ziel von Terrorakten war, wohl aber Planungs- und Ausführungsraum.[6] Kein Land kann sich demnach in absoluter Sicherheit wiegen.

Die Abkehr von der Existenz zweier konkurrierender und verfeindeter Machtblöcke (USA und Sowjetunion) und Regionalpakte, NATO und Warschauer Pakt, bedeutete auch ein strukturelles Umdenken hinsichtlich neuer Beistands- oder Kooperationsformen in Europa. Die GASP mit der Errichtung der ESVP hat Konsequenzen und Auswirkungen für die einzelnen Staaten, die es während des Kalten Krieges nicht gab. Die ESVP könnte in einer zukünftigen Integrationsstufe für die beteiligten Länder die Abgabe von Kompetenzen im Kernbereich Sicherheit und Verteidigung bedeuten und damit einen tiefen Einschnitt in das Selbstverwaltungs- und Selbstbestimmungsrecht eines souveränen Staates darstellen.

Der Zusammenbruch des Eisernen Vorhanges hatte auch Auswirkungen auf die in Kapitel 4.1 bereits erwähnte Dritte Welt. Die geschilderte Einflussnahme von Ost und West wurde merklich zurückgefahren. In der Folge traten vermehrt Stammesfehden, regionale und lokale Auseinandersetzungen und Machtkämpfe auf; die teilweise kriegerischen Aktivitäten entwickelten sich wieder ohne Einfluss von außen.

Auch zur Zeit des Kalten Krieges unberücksichtigte Aspekte und Einflüsse bekommen jetzt einen sicherheitsrelevanten Charakter. Der Kampf um Wasser, insbesondere in Afrika, Aids, Migration, ethnische Spannungen, die Bevölkerungsexplosion und Bürgerkriege können zur Veränderung oder Verschiebung von Machtverhältnissen und -strukturen und damit zu einer neuen, geänderten Sicherheitslage, zu neuen Bündnissen und Bedrohungen führen. Als ein sicherheitspolitisch brisantes und aktuelles Thema gilt in diesem Zusammenhang der Kampf um Rohstoffe, insbesondere um Öl. Viele westliche Industriestaaten besitzen wenig bis keine Rohstoffe, die aber in der heutigen, hochtechnisierten Welt Grundvoraussetzung für Wohlstand und technischen Fortschritt sind. In Asien, insbesondere in China, steigt der Ener-

---

[6]   Von einem Ruhepol oder Ruheraum Deutschland zu sprechen, wird den tatsächlichen Verhältnissen nicht mehr gerecht. Die Aussagen und Ansichten in Literatur und Rechtsprechung beispielsweise über die Existenz einer Hamburger Terrorzelle im Zusammenhang mit den Anschlägen des 11.09.2001 gehen zwar auseinander. Aber dass Deutschland bereits als Durchgangsstation für terroristische Planungen genutzt wurde, wird allgemein kaum mehr bezweifelt.

gieverbrauch rapide an: vom gesamten asiatisch-pazifischen Raum entfallen 64 % allein auf China, Steigerung des chinesischen Erdölimports im Jahre 2010 auf 40 %, Steigerung von 35 Millionen Tonnen 1997 auf 142 Millionen Tonnen 2010: Vervierfachung in nur 13 Jahren.[7] Zudem konzentrieren sich zwei Drittel aller Ölvorräte auf fünf Staaten im Persischen Golf, deren politischer Zustand als instabil zu bezeichnen ist. Die aktuelle sicherheitspolitische Bedeutung des Kampfes um Öl spiegelt sich auch in dem kürzlich vom Terrornetzwerk AL Qaida verübten, fehlgeschlagenen Anschlag auf die weltweit größte Ölanlage in Saudi-Arabien wieder.[8] Terroristische und kriminelle Vereinigungen haben ebenso die Abhängigkeit der westlichen Industrienationen von Rohstoffen, insbesondere von Erdöl, erkannt und versuchen nun, ihre Aktivitäten auf diesen sicherheitsrelevanten Bereich auszudehnen.

4.2.2 Die Anschläge vom 11.09.2001

Im folgenden soll auf die Anschläge vom 11. September 2001 näher eingegangen werden, da diese aus Sicht des Autors die neue Qualität des Terrorismus als eine globale Bedrohung und als einen wichtigen Aspekt der geänderten Sicherheitslage kennzeichnen. Das Ausmaß, die menschenverachtende und publikumswirksame Ausführung lassen erkennen, dass es bei diesen terroristischen Anschlägen vorrangig darauf ankam, möglichst viele Menschen massenwirksam zu töten. Der Terrorismus hat viele Ursachen und Quellen. Festzuhalten bleibt, dass der Hass auf die westliche Kultur und die westliche Art zu leben, die wohl wichtigste Triebfeder ist. So stellte auch der Europäische Rat in seiner außerordentlichen Tagung am 21.09.2001 fest, dass dieser Terrorakt eine globale Bedrohung und einen Angriff auf das demokratische Modell einer Gesellschaft darstellt, welches die USA mit Europa verbindet und teilt.[9] Dieser Tagung ging bereits einen Tag nach den Anschlägen eine Erklärung der EU-Außenminister voraus, in der die uneingeschränkte Solidarität mit den USA bekundet und der Anschlag als Angriff gegen die Menschheit und nicht nur gegen die USA gewertet wurde.

Die Terrorakte des 11. September 2001 trafen die EU und die NATO zum Teil unvorbereitet. Zwar wurde bereits seit Mitte der neunziger Jahre seitens der US-Regierung angeregt, sich mit dem Thema Terrorismusbekämpfung in der NATO

---

7   Vgl. Umbach, Frank, Chinas Energiepolitik – Globale Dimensionen und Herausforderungen, aktualisiert 20. Juni 2005, entnommen den Internetinformationen der Deutschen Gesellschaft für Auswärtige Politik e. V.: http://www.weltpolitik.net/Regionen/AsienPazifik/China/Analysen/ Chinas%20Energiepolitik.html, Seite 1 von 2, eingesehen am 01.03.2006

8   Vgl. o. V., Al-Qaida bekennt sich zu Anschlag auf Ölraffinerie, Spiegel-Online, 25.02.2006, entnommen den Internetinformationen des Nachrichtenmagazines Spiegel: http://www.spiegel. de/politik/ausland/0,1518,403188,00.html, eingesehen am 03.03.2006

9   Vgl. Kleine, Mareike, Die Reaktion der EU auf den 11. September, Münster 2004, S. 9

auseinanderzusetzen, was letztendlich im Strategischen Konzept von 1999 als Kompromiss zur Erweiterung der Sicherheitsinteressen des Bündnisses auf „Akte des Terrorismus" führte und somit zur Ausweitung des Anwendungsbereiches des Artikels 5 Nordatlantikvertrag.[10] Auf diese Art der Kriegsführung war jedoch kein Staat und kein Militärbündnis eingestellt und vorbereitet. Der Eindruck entstand, dass sowohl die EU als auch die NATO als Institutionen, welche die Außen- und Sicherheitspolitik über Jahre maßgeblich geprägt und bestimmt hatten, gar nicht mehr existieren.[11] In Europa war zu diesem Zeitpunkt eine Stagnation eingetreten, die wieder vermehrt die Interessen der Nationalstaaten in den Vordergrund rückte, als die europäische Integration. Unter anderem entfernte sich auch die USA wieder zunehmend von der NATO und schwächte sie damit. Ursache waren die aus Sicht der USA zu zaghaften und langsamen Reaktionsmechanismen.

So ist das Wesen des Terrorismus seine Unsichtbarkeit, seine vermeintliche Allgegenwart, in Ermangelung einer Kriegserklärung und klar definierten Zielen mit herkömmlicher und traditioneller Kriegsstrategie eines Verteidigungsbündnisses nicht annähernd vergleichbar.[12] Fraglich bleibt in diesem Kontext, ob beispielsweise die NATO mit ihren Möglichkeiten und Fähigkeiten geeignet erscheint, den Terrorismus wirksam zu bekämpfen. Zumal das Bekämpfen kriegerischer Aktivitäten mit bewaffneten Heeren und einer gewaltigen Militärmaschinerie, für das die NATO ursprünglich konzipiert und ausgelegt war, unter Berücksichtigung der oben genannten Ausführungen nicht mehr den traditionellen Krieg darstellt. Der Terrorismus setzt die klassische Abschreckungs- und Bedrohungslehre außer Kraft. Als asymmetrische Kriegsführung bezeichnet man diese von nichtstaatlichen Akteuren vorgenommenen terroristischen oder kriegerischen Handlungen, die sich aber gegen Staaten und deren innere Sicherheit und Stabilität richten.[13] Das Fehlen eines staatlichen und damit angreifbaren und einordenbaren Gegners führt zu einem Grundproblem: Wer soll wie abgeschreckt werden? Gegen wen – in Ermangelung geografischer Zuordnung und Grenzen – sollen beispielsweise Angriffe, Aktionen geführt werden? Die erfolgreiche Bekämpfung internationaler Terrororganisation, z. B. Al Qaida, allein mit militärischen Kapazitäten und nur durch einen Staat ist ausgeschlossen.

Die Anschläge vom 11.09.2001 waren ein Schock für die Welt und für die EU als sicherheitspolitischen Akteur, ebenso wie für die USA. Verabschiedete Aktionspläne

<hr>

10   Vgl. Knelangen, Wilhelm, Getrennt marschieren, vereint schlagen?, in: Varwick, Johannes (Hrsg.), Die Beziehungen zwischen NATO und EU, Opladen 2005, S. 199

11   So auch Baring, Arnulf, Die Schwächung von NATO und EU nach dem 11. September, in: Meier-Walser, Reinhard C. (Hrsg.), Die Zukunft der NATO, Hanns-Seidel-Stiftung, Akademie für Politik und Zeitgeschehen, München 2002, S. 33

12   Vgl. Harnischfeger, Horst, Die Zukunft der NATO, in: Meier-Walser, Reinhard C. (Hrsg.), Die Zukunft der NATO, a. a. O., S. 98

13   Vgl. von Plate, Bernhard, Außen- und Sicherheitspolitik vor neuen Herausforderungen, Informationen zur politischen Bildung, Heft 280, Bonn 2003, S. 6

der EU, vereinbarte Zusammenarbeit im Bereich der inneren Sicherheit zwischen EU und NATO folgten und vermittelten den Eindruck einer geschlossenen und von allen Beteiligten mit einem breiten Konsens mitgetragenen Position der EU im Kampf gegen den internationalen Terrorismus. Allerdings traten wenig später Meinungsverschiedenheiten und divergierende Positionen innerhalb der EU zu Tage, welche die beschworene geschlossene Position relativierte. So sah sich Silvio Berlusconi mit seiner Aussage, der Islam sei die Wurzel des Terrors mit einer Entgegnung des belgischen Außenministers konfrontiert, der diese Meinung Berlusconis als „dumm und inakzeptabel" titulierte.[14] Zudem wurde das im Vorfeld des Gipfels in Gent vom britischen Premierminister Blair initiierte Treffen zwischen Schröder, Chirac und ihm insbesondere von Italien und den anderen Beitrittsländern scharf kritisiert, da Befürchtungen aufkamen, in der EU gebe es eine britisch-deutsch-französiche Achsenbildung zu einem Dreierbündnis. So war die trotz Solidaritätsbekundung und zahlreichen Erklärungen vorhandene Uneinigkeit Europas ein Grund, dass die USA nach den Anschlägen vom 11.09.2001 der NATO zunehmend geringere Bedeutung beimaßen. So befand sich die NATO aus Sicht Washingtons auf dem Abstellgleis und die USA begannen wieder eigene, bilaterale Strukturen aufzubauen, unter Vernachlässigung bestehender und bereits etablierter Bündnisstrukturen.[15]

4.3   Zwischenergebnis

In der Abgrenzung zur Zeit des Ost-West-Konfliktes bleibt daher festzuhalten, dass ein nicht mehr existentes, klar umrissenes Feindbild und eine globale Welt mit globalen Bedrohungen die neue Sicherheitspolitik kennzeichnen. Zwei Machtblöcke bedrohten einander 40 Jahre mit Krieg und Gewalt, um letzten Endes beides erfolgreich zu verhindern. So sieht auch Varwick[16] den Wandel zur Erweiterung und damit zu einer Mehrdimensionalität des Sicherheitsbegriffes, in dem zunehmend auch nichtmilitärische Gesichtspunkte eine Rolle spielen. So sind jetzt ökonomische, soziale und ökologische Aspekte mit dem Sicherheitsbegriff untrennbar verbunden, z. B. der Kampf um Öl und Wasser, Aids sowie ethnische Spannungen.

Damit ist der Wandel, weg von einer stabilen und klaren Verteilung der Machtpositionen während des Kalten Krieges, hin zu einer dynamischen Sicherheitslage am Ende des 20. Jahrhunderts vollzogen. Europa und die Welt befinden sich nach dem

---

[14]   Vgl. Kleine, Mareike, Die Reaktion der EU auf den 11. September, a. a. O., S. 37. Verschärfend wirkte in diesem Zusammenhang der vorangegangene Appell, nicht diese Art des Terrorismus mit der gesamten islamischen Welt gleichzusetzen.

[15]   Vgl. Meier-Walser, Reinhard C., Die Entwicklung der NATO 1990-2004, in: Varwick, Johannes (Hrsg.), Die Beziehungen zwischen NATO und EU, a. a. O., S. 34

[16]   Vgl. Varwick, Johannes, Probleme der Sicherheitsarchitektur Europas, in: Loth, Wilfried (Hrsg.), Das europäische Projekt zu Beginn des 21. Jahrhunderts, Opladen 2001, S. 247

Wegfall der Bipolarität in einer Phase der Unsicherheit. Die zunehmende Unübersichtlichkeit in der Weltpolitik wird durch die wachsende Anzahl staatlicher und besonders nicht-staatlicher Akteure verstärkt, die in geltende, politische Strukturen immer weniger einordenbar sind und teilweise in einem rechtlich ungeklärten Zustand agieren.

5. Historischer Abriss der Entwicklungen von NATO und EU

5.1 Die Meilensteine in der Entwicklung der ESVP der EU

In den folgenden Kapiteln soll die historische Entwicklung der ESVP in der EU untersucht werden. Das letztendliche Scheitern der Europäischen Verteidigungsgemeinschaft wird ausführlicher behandelt, da die Pläne aus dem Jahr 1950 bereits visionäre Ansätze beinhalteten, die einen möglichen Ausblick auf das geben, was unter eine gemeinsame europäische Verteidigung und eine gemeinsame europäische Außen- und Sicherheitspolitik subsumiert werden kann.

5.1.1 Die Anfänge

Die rechtlichen Grundlagen einer Europäischen Sicherheits- und Verteidigungspolitik als Bestandteil der Gemeinsamen Außen- und Sicherheitspolitik wurden in der Historie der EU erst relativ spät gelegt. Zahlreiche Anläufe für ein abgestimmtes und gemeinsames Vorgehen in sicherheitspolitischen Fragen wurden unternommen, um u. a. Pläne für eine europäische Verteidigungspolitik zu verwirklichen. Die ersten Jahrzehnte waren jedoch geprägt von Rück- und Fehlschlägen.

Der Vertrag von Dünkirchen vom März 1947 (Vertragspartner: Frankreich und das Vereinigte Königreich) und dem sich daraus entwickelnden Brüsseler Pakt vom März 1948 (neue, zusätzliche Vertragspartner: die drei Benelux-Staaten), geschlossen mit dem Ziel, militärischen Schutz vor einem wiedererstarkten Deutschland und vor den Expansionsplänen der Sowjetunion zu bieten, kann als Gründungsakt zur Entwicklung einer europäischen Sicherheitsarchitektur betrachtet werden.[17] Der Brüsseler Pakt oder Brüsseler Vertrag wird auch als Westunion (WU) bezeichnet und gilt als Vorläufer der Westeuropäischen Union (WEU). Dieser Vertrag enthielt eine militärische Beistandsklausel und war damit das erste europäische Verteidigungsbündnis nach dem Ende des 2. Weltkrieges.

Die Berlin-Krise 1948/1949 und der Beginn des Korea-Krieges 1950 führten zu einer weiteren Verschlechterung der Ost-West-Beziehungen. Seitens der USA existierte die Forderung, eine europäische Streitmacht mit Beteiligung der Bundesrepublik Deutschland aufzubauen.[18] Mit der Gründung einer europäischen Armee sollte den Expansionsbestrebungen der Sowjetunion entgegengetreten und

---

[17] Vgl. Blanck, Kathrin, Die Europäische Sicherheits- und Verteidigungspolitik im Rahmen der Europäischen Sicherheitsarchitektur, Wien 2005, S. 97

[18] Vgl. Schlusserklärung des Nordatlantikrates vom 16.09.-18.09.1950, entnommen den Internetinformationen der NATO: http://www.nato.int/docu/comm/49-95/c500918a.htm, S. 1 von 1, eingesehen am 20.02.2006

vergleichbare Konflikte wie in Korea auf dem Gebiet Europas vermieden werden. Deutschland unter Besatzungsstatut sollte auf Grund der ungeklärten Wiederbewaffnungsproblematik und der Strategie, so östlich wie möglich einem eventuellen Angriff der Sowjetunion begegnen zu können, in diese europäische Armee integriert werden.[19] Die Bundesrepublik Deutschland war von möglichen Angriffen der Sowjetunion vom Gebiet der DDR heraus am stärksten bedroht, konnte sich aber auf Grund der nach dem 2. Weltkrieg durch die Siegermächte beschlossenen, vollständigen Entmilitarisierung Deutschlands nicht selbst verteidigen. So war es vor allem der Druck der USA und der anderen westeuropäischen Staaten, die eine Wiederbewaffnung Deutschlands auf die Tagesordnung rückten.[20]

So schlug beispielsweise Rene´ Pleven[21] im Oktober 1950 dem französischen Parlament den nach ihm benannten Plan vor, auf den im folgenden näher eingegangen wird.

5.1.2 Der Pleven-Plan und die Europäische Verteidigungsgemeinschaft

Der Pleven-Plan sah vor, eine integrierte, europäische Armee und damit eine Europäische Verteidigungsgemeinschaft mit supranationalem Charakter nach dem Vorbild der Montanunion zu schaffen, welche Deutschland einschließt.[22] Nach der Ansicht Frankreichs sollte Deutschland jetzt auch militärisch in Europa etabliert und schließlich integriert werden, nachdem wirtschaftlich eine Integration bereits mit der Mitgliedschaft in der 1951 gegründeten Europäischen Gemeinschaft für Kohle und Stahl (EGKS) erfolgte. Allerdings war mit dem Pleven-Plan eine vollständige, militärische Rehabilitation Deutschlands nicht verbunden. Vielmehr bestand die Zielsetzung darin, dass militärische Potenzial Deutschlands durch Integration zu kontrollieren und den Aufbau einer nationalen Armee zu verhindern. Auch beinhaltete der Plan die Einrichtung eines europäischen Verteidigungsministers und in Artikel 38 sogar die Erweiterung der militärischen um eine politische Dimension und der damit verbundenen Aufgabe an die gemäß EVG geplante parlamentarische Versammlung, einen Vorschlag bzw. Plan für eine politische Union vorzulegen.[23] Damit standen hinter der Errichtung der EVG der Wunsch und die langfristige Hoffnung, über den Zwischenschritt der militärischen Integration eine politische Union in Europa herbeizuführen.

---

[19] Vgl. Varwick, Johannes / Woyke, Wichard, Die Zukunft der NATO, a. a. O., S. 54
[20] Aber auch der damalige Bundeskanzler Konrad Adenauer verfolgte systematisch die Wiederherstellung deutscher Souveränität und ein Ende der Besatzung.
[21] In seiner Funktion als damaliger französischer Premierminister.
[22] Vgl. statt vieler Warnken, Monja, Der Handlungsrahmen der Europäischen Union im Bereich der Sicherheits- und Verteidigungspolitik, 1. Auflage, Baden-Baden 2002, S. 21
[23] Vgl. Blanck, Kathrin, Die Europäische Sicherheits- und Verteidigungspolitik im Rahmen der Europäischen Sicherheitsarchitektur, a. a. O., S. 99

Nach der Unterzeichnung des EVG-Vertrages am 27. Mai 1952[24] und vorangegangenen schwierigen Verhandlungen und kontroversen Diskussionen erfolgte auch eine Ratifizierung in allen beteiligten Ländern, außer in Frankreich. Sowohl in der französischen Bevölkerung als auch in den beteiligten Regierungsgremien gab es größere Widerstände gegen eine mit Wiederaufrüstung verbundene, militärische Erstarkung und mit neuen Souveränitätsrechten ausgestattete Bundesrepublik Deutschland. Daher verweigerte die französische Nationalversammlung im August 1954 ihre Zustimmung; die EVG war gescheitert. Mit dem Scheitern verbunden war auch die Fortführung der Besatzung Deutschlands und das Ende einer europäischen Verteidigungskonzeption. Die weitreichenden Pläne für eine Europäische Politische Gemeinschaft (EPG), u. a. mit dem Ziel einer Koordinierung der Außenpolitik der Mitgliedsstaaten waren ebenfalls gescheitert.[25] Damit ging der Versuch Plevens, im ersten Schritt eine Verteidigungsgemeinschaft zu schaffen, um dann als finalen Integrationsschritt eine politische, europäische Union zu gründen, weit über das hinaus, was spätere Verträge, Forderungen und Abkommen im Rahmen der ESVP und der GASP als Planungs- und Diskussionsgrundlage hatten. Zu Unrecht wird der Pleven-Plan daher in einer Vielzahl der geschichts- als auch politikwissenschaftlichen Literatur nicht oder nur mittels einer Fußnote erwähnt.[26] Die Frage der deutschen Wiederbewaffnung und Integration in Europa blieb, wie geschildert, nach dem Scheitern der EVG bis zur Umwandlung des Brüsseler Paktes in die Westeuropäische Union (WEU) im April 1955 ungelöst. Deutschland wurde mit dem Beitritt zur WEU gleichzeitig in die NATO aufgenommen, womit auch das Besatzungsstatut endete. Frankreich hatte zwar die EVG erfolgreich blockiert, konnte aber kurz darauf die Entstehung einer eigenständigen deutschen Armee nicht verhindern, gegen die sie vorher vehement gekämpft hatten.

Dass die Integrationsbemühungen und die Schaffung supranationaler Strukturen des Pleven-Plans, insbesondere die militärische Dimension, nach dem Scheitern für Jahrzehnte fast ausgesetzt wurden, spiegelt sich nicht nur in der unterschiedlichen Zielsetzung von WEU und EVG wieder: Anstelle der Verteidigung waren Rüstungskontrolle und -beschränkungen die oberste Direktive der WEU, wohingegen die Aspekte militärischer Integration ausschließlich der NATO vorbehalten bleiben sollten.[27]

---

[24] Für den vollständigen Vertragstext in der unterzeichneten Fassung vom 27.05.1952: Vgl. vertragliche Grundlagen der Europäischen Union, entnommen den Internetinformationen der Politischen Union: http://www.politische-union.de/evgv/, eingesehen am 13.01.2006

[25] Vgl. Wagner, Wolfgang / Hellmann, Gunther, Zivile Weltmacht? – Die Außen-, Sicherheits- und Verteidigungspolitik der Europäischen Union, in: Jachtenfuchs, Markus / Kohler-Koch, Beate, Europäische Integration, Opladen 2003, S. 570

[26] So auch Kreft, Michael, Die Europäische Union als Sicherheitsinstitution, Osnabrück 2002, S. 152 mit Beispielen und weiterführender, detaillierter Abhandlung zur EVG im Kontext der Europäischen Integration.

[27] Vgl. Gasteyger, Curt, Europa von der Spaltung bis zur Einigung, Bonn 1997, S. 118, ebenso in Konsequenz: Warnken, Monja, Der Handlungsrahmen der Europäischen Union im Bereich der

Der nächste Versuch – die Fouchet-Pläne[28] aus den Jahren 1960 / 1961 –, die außen- und sicherheitspolitischen Beziehungen und die Zusammenarbeit in diesen Bereichen in Europa intergouvernemental zu gestalten und damit auf eine neue vertragliche Grundlage zu stellen, scheiterte ebenfalls.

5.1.3 Die Europäische Politische Zusammenarbeit (EPZ)

Der nächste signifikante Schritt in der Entwicklung der ESVP stellt der von den Außenministern vorgelegte Luxemburger Bericht[29] dar. In diesem informellen Bericht vom Oktober 1970, der rechtlich die Qualität einer unverbindlichen politischen Absichtserklärung hatte, wurden die Grundlagen für eine Europäische Politische Zusammenarbeit (EPZ) geschaffen und gegenseitige sowie regelmäßige Konsultationen auf dem Gebiet der Außenpolitik, aber außerhalb des Kompetenzbereiches der Europäischen Gemeinschaften, eingerichtet.[30] Militärische Aspekte waren zunächst weitestgehend ausgeklammert, da die Sicherheitspolitik die klassische Domäne eines Nationalstaates war. Die in den darauffolgenden Jahren verabschiedeten Initiativen und Berichte – Kopenhagener und Londoner Bericht – konkretisierten und verfeinerten die Konsultationsstrukturen und Mechanismen. In diesem Zuge fand der Bereich Sicherheit und Verteidigung, wenn auch nur in deklaratorischer Form, Aufnahme in die EPZ.[31] Hintergrund für die verstärkten und intensivierten Konsultationsbestrebungen war u. a. die Besetzung Afghanistans durch die Sowjetunion und die Erkenntnis, dass die europäische Gemeinschaft dieser Entwicklung fast machtlos gegenüberstand.

Die Institutionalisierung, und damit die Umwandlung der EPZ von einer rechtlich unverbindlichen Kooperation in eine völkerrechtliche Verpflichtung erfolgte 1986 mit der Verabschiedung der Einheitlichen Europäischen Akte (EEA), allerdings ohne Eingliederung in die Gemeinschaftsrechtsordnung.[32] Neue Regelungen, Tätigkeits- und Aufgabenbereiche waren damit jedoch nicht verbunden. Zudem lag der Schwerpunkt weiterhin auf der politischen und wirtschaftlichen Dimension

---

Sicherheits- und Verteidigungspolitik, a. a. O., S. 22

[28] Benannt nach dem damaligen französischen Diplomaten Christian Fouchet. Die Pläne wurden ausgearbeitet nach den Vorstellungen des damaligen Präsidenten de Gaulle.

[29] Auch Davignon-Bericht genannt.

[30] Vgl. Warnken, Monja, Der Handlungsrahmen der Europäischen Union im Bereich der Sicherheits- und Verteidigungspolitik, a. a. O., S. 24

[31] So sollte in der Genscher-Colombo-Initiative vom November 1981 die EPZ und die Gemeinschaft unter Vorsitz des Europäischen Rates zusammengeführt und die Fragen europäischer Sicherheit in diese Vereinbarung mit einbezogen werden. Vgl. hierzu Blanck, Kathrin, Die Europäische Sicherheits- und Verteidigungspolitik im Rahmen der Europäischen Sicherheitsarchitektur, a. a. O., S. 102

[32] Ebenda, S. 103

der Außenpolitik, die verteidigungspolitische Komponente blieb weitestgehend ausgeklammert.

5.1.4 Vertragliche Meilensteine von Maastricht, Amsterdam und Nizza

Im sicherheitspolitischen Umfeld hatte sich die Welt verändert: Beendigung des Kalten Krieges, Wiedervereinigung Deutschlands, Krieg in Jugoslawien. Im Bereich der Außen- und Sicherheitspolitik wollte die Europäische Gemeinschaft eigene Akzente setzen, eigene Möglichkeiten entwickeln und sich als globaler Akteur aufstellen. Die Umwandlung der EPZ in die GASP und damit die rechtliche Verankerung als eigenständige Säule erfolgte mit Inkrafttreten des Vertrages über die Europäische Union (EUV) im November 1993.[33] Darüber hinaus verständigten sich die EU-Mitgliedsstaaten gemäß Art. J.4 Abs. 1 EUV[34] darauf, die Verteidigungspolitik explizit in den Vertragstext aufzunehmen und zu gegebener Zeit eine gemeinsame Verteidigung zu entwickeln. Diese Zielvereinbarung bedeutete eine neue Aufwertung der sicherheits- und verteidigungspolitischen Komponente im europäischen Kontext. Gleichzeitig bekundete die neugeschaffene Europäische Union den Willen, sich im Kernbereich staatlicher Selbstverwaltung gemeinschaftlich zu betätigen und als neuer globaler Partner zu etablieren. Nach Jahrzehnten der Rückschläge, unverbindlicher Abkommen und Absichtserklärungen wurde im EUV der rechtliche Grundstein für die Entwicklung der GASP und damit auch der ESVP gelegt.

Gemäß Artikel J.4 Abs. 2 EUV wird die WEU als integraler Bestandteil der Entwicklung der EU mit der Durchführung operationeller Aufgaben mit verteidigungspolitischen Bezügen betraut. In einer Erklärung zur WEU[35] erklärten die Mitglieder der WEU, die Westeuropäische Union einerseits zur Verteidigungskomponente der Europäischen Union zu entwickeln und andererseits zu einem Instrument zur Stärkung des europäischen Pfeilers der NATO auszubauen. Diese aktive Rolle der WEU führte zu einer Emanzipation in den Beziehungen zur NATO. Die jetzt reaktivierte WEU entwickelte sich zunehmend zu einer Parallelorganisation zur transatlantischen Allianz und löste sich dadurch aus dem, insbesondere nach dem Scheitern der EVG, geführten Schattendasein.

Der als symbolischer Gründungsakt einer europäischen Sicherheitsarchitektur in Kapitel 5.1.1 bezeichnete Brüsseler Pakt bzw. die daraus hervorgegangene

---

[33] Ebenda, S. 104

[34] Vertrag über die Europäische Union, Amtsblatt Nr. C 191 vom 29. Juli 1992, entnommen den Internetinformationen der Europäischen Union: http://europa.eu.int/eur-lex/de/treaties/dat/EU_treaty.html#0105000050, eingesehen am 12.01.2006

[35] Erklärung zur Westeuropäischen Union, Anhang zum Vertrag über die Europäische Union, entnommen den Internetinformationen der Europäischen Union: http://europa.eu.int/eur-lex/de/treaties/dat/EU_treaty.html#0105000050, eingesehen am 12.01.2006

WEU fand nach fast 40 Jahren Aufnahme in den Gründungsvertrag der Europäischen Union und löste einen Integrationsschub im Bereich der Sicherheits- und Verteidigungspolitik aus.

Mit dem Vertrag von Amsterdam 1997, einem reinen Änderungsvertrag des Maastrichter Vertrages, wurde gemäß Artikel 26 eine neue Institution, das Amt des Hohen Repräsentanten und Vertreters für die GASP geschaffen.[36] Die Perspektiventscheidung des Maastrichter Vertrages, eine gemeinsame Verteidigungspolitik zu errichten, wurde jetzt in Artikel 17 Abs. 1, 2 und 3 des Vertrages von Amsterdam konkretisiert und ergänzt: Um die in Absatz 2 neu übernommenen Petersberg-Aufgaben[37] zu erfüllen, nimmt die EU die WEU in Anspruch. Zudem besteht die Möglichkeit einer Integration der WEU in die Union, sollte der Europäische Rat dies beschließen. Diese Vorgehensweise und vertraglich fixierte Aussicht lässt den Schluss zu, dass die EU zunächst an dem Aufbau eigener Kräfte im Bereich der Verteidigungspolitik kein Interesse hatte; vielmehr sollten die Beziehungen zur WEU intensiviert und ausgebaut werden.

Beim Studium des Vertrages von Nizza (2001)[38] fällt auf, dass in Artikel 17, mit Ausnahme des Absatzes 4 (Beistandsverpflichtung), jegliche Bezüge zur WEU gestrichen worden sind. Somit sind die Aufgaben der WEU nicht nur auf die EU übergegangen, sondern eine Bindung an die WEU bei Erfüllung der Petersberg-Aufgaben entfällt und die EU kann vielmehr mit eigenen Krisenreaktionskräften tätig werden.[39] Dies stellt eine deutliche Abkehr von der Lesart des Artikels 17 des Vertrages von Amsterdam dar, da die EU im militärischen Bereich durchaus auf eigene Ressourcen zugreifen und zurückgreifen will.

Die allgemeinen Zielvorgaben aus den Verträgen von Maastricht, Amsterdam und Nizza bilden den Rahmen und bedürfen hinsichtlich Umsetzung, Vorgehen und Ausgestaltung einer Detaillierung. Auf diese meist außervertraglichen Konkretisierungen wird nachfolgend eingegangen. Die Darstellung erfolgt chronologisch gestrafft.

---

[36]   Vertrag von Amsterdam zur Änderung des Vertrags über die Europäische Union, der Verträge zur Gründung der Europäischen Gemeinschaften sowie einiger damit zusammenhängender Rechtsakte, Amtsblatt Nr. C 340 vom 10. November 1997, entnommen den Internetinformationen der Europäischen Union: http://europa.eu.int/eur-lex/lex/de/treaties/dat/11997D/htm/11997D.html, eingesehen am 12.01.2006 Damit bekam Europa für die GASP ein „Gesicht und eine Stimme".

[37]   Petersberg-Aufgaben: humanitäre Aufgaben und Rettungseinsätze, friedenserhaltende Aufgaben sowie Kampfeinsätze bei der Krisenbewältigung, einschließlich friedensschaffender Maßnahmen.

[38]   Vgl. Vertrag von Nizza zur Änderung des Vertrags über die Europäische Union, der Verträge zur Gründung der Europäischen Gemeinschaften sowie einiger damit zusammenhängender Rechtsakte, Amtsblatt Nr. C 80 vom 10. März 2001, entnommen aus den Internetinformationen der Europäischen Union: http://europa.eu.int/eur-lex/lex/de/treaties/dat/12001C/htm/C_2001080DE.000101.html, eingesehen am 12.01.2006

[39]   Vgl. Blanck, Kathrin, Die Europäische Sicherheits- und Verteidigungspolitik im Rahmen der Europäischen Sicherheitsarchitektur, a. a. O., S. 108

5.1.5 Die Entwicklung der ESVP von St. Malo bis Brüssel

Den Einstieg in die Umsetzung der vertraglichen Grundlagen und gleichzeitig eine Zieldefinition bietet der britisch-französische Gipfel vom Dezember 1998 in St. Malo mit einem Zitat aus der Schlusserklärung: „The Union must have the capacity for autonomous action, backed up by credible military force."[40] Danach soll die Europäische Union eigene, militärische Kapazitäten und autonome Handlungsfähigkeit im Bereich der Verteidigungspolitik besitzen, die durch bestehende NATO-Strukturen ergänzt, aber nicht dupliziert werden. Die damaligen Überlegungen im Vorfeld des Gipfels gingen sogar von einer Erweiterung des 3-Säulen-Modells der EU um eine vierte Säule – die ESVP – aus.[41] Diese Idee wurde aber zu Gunsten einer Integration der ESVP in die GASP nicht weiter verfolgt.

Der Europäische Rat setzte bei seinem Gipfel in Köln im Juni 1999 diese Zielvorgabe in seiner Schlusserklärung mit der Maßgabe um, nach folgenden zwei Szenarien, Kapazitäten für EU-Operationen aufzubauen:

- Zugriff auf Kapazitäten der NATO bei eigenen Operationen und
- Eigene Operationen ohne Zugriff auf Kapazitäten der NATO.[42]

Beim europäischen Ratsgipfel von Helsinki im Dezember 1999 wurden die in Köln beschlossenen Aufgaben aufgegriffen und die Aufstellung militärischer Einsatzkräfte beschlossen. Das EU Headline Goal stellte an Operationen zur Erfüllung der Petersberg-Aufgaben folgende Anforderungen, die bis zum Jahr 2003 realisiert werden sollten:

- Innerhalb 60 Tagen,
- bis zu 60.000 Soldaten,
- für mindestens ein Jahr Einsatzzeit.[43]

---

[40] Zitiert nach Borchert, Heiko, Europäische Union (GASP/ESVP): Sicherheit durch Souveränitätstransfer, Vorlesung 6.504 „Sicherheitspolitik" vom 28. April 2003 an der Universität St. Gallen, entnommen den Internetinformationen der Beratungsgesellschaft Dr. Heiko Borchert & Co.: http://www.borchert.ch/paper/HSG_0428_EU.pdf, S. 4 von 17, eingesehen am 20.01.2006

[41] Vgl. Karakas, Cemal, Die Balkankrise als Gegenstand der Gemeinsamen Außen- und Sicherheitspolitik (GASP), Frankfurt am Main 2004, S. 123

[42] Vgl. Blanck, Kathrin, Die Europäische Sicherheits- und Verteidigungspolitik im Rahmen der Europäischen Sicherheitsarchitektur, a. a. O., S. 112

[43] Vgl. Lübkemeier, Eckhard, Preface: The ESDP as a Key Project for European Unification, in: Ehrhart, Hans-Georg (Hrsg.), Die Europäische Sicherheits- und Verteidigungspolitik, 1. Auflage, Baden-Baden 2002, S. 12. In Kapitel 9 wird die Ausprägung und Ausgestaltung des EU Headline Goal noch einmal aufgegriffen und analysiert.

Außerdem einigten sich die Staats- und Regierungschefs auf einen Mechanismus zur nichtmilitärischen Krisenbewältigung.[44] Nach der Erklärung der Einsatzbereitschaft auf dem Gebiet der ESVP auf dem Gipfel in Laeken (Dezember 2001) wurde auf der Europäischen Ratstagung in Sevilla (Juni 2002) beschlossen, dass die EU ab Januar 2003 eine nichtmilitärische Polizeimission in Bosnien und Herzegowina und die militärische NATO-Mission in Mazedonien, Operation Concordia, übernimmt. In Reaktion auf die terroristischen Anschläge vom 11.09.2001 enthielt die Schlusserklärung von Sevilla auch eine Erklärung zur Bekämpfung des Terrorismus als ein Hauptbestandteil der ESVP mit der Folge, dass die Petersberg-Aufgaben um das Element Terrorismusbekämpfung erweitert werden müssen.[45] Die Übernahme der NATO-Mission in Mazedonien wurde zunächst an die Voraussetzung geknüpft, dass die Berlin-Plus-Vereinbarungen erfolgreich verlaufen, welche der EU gesichert und gleichberechtigt Zugang zu NATO-Planungskapazitäten garantiert. Mit dem Gipfel von Kopenhagen (Dezember 2002) wurde diese Voraussetzung erfüllt und gleichzeitig stellte die EU in Aussicht, auch die militärische Führung der bisherigen NATO-Operation Stabilisation Force (SFOR) in Bosnien-Herzegowina zu übernehmen. Die 2003 von Javier Solana präsentierte Europäische Sicherheitsstrategie „Ein sicheres Europa in einer besseren Welt"[46] ist Gegenstand eines späteren Kapitels und wird vorliegend nur stichwortartig erwähnt.

Im Rahmen der Ost-Erweiterung traten im Jahr 2004 der EU folgende Staaten bei: Estland, Lettland, Litauen, Malta, Polen, Slowakei, Slowenien, Tschechische Republik, Ungarn und Zypern.

Die Verteidigungsminister der Europäischen Union beschlossen in Brüssel im November 2004 die Einrichtung von Battle Groups im Rahmen des Headline Goal 2010.[47] Diese Kampfverbände sollen innerhalb weniger Tage einsatzbereit sein und eine militärisch eigenständige Handlungsfähigkeit auch in entlegeneren Konflikt- und Krisenregionen sicherstellen. Erfahrungen aus der EU-Operation Artemis im Kongo führten maßgeblich zur Einrichtung dieser Kampfverbände, die weit außerhalb Europas, schwerpunktmäßig in Afrika, zur Konflikt- und Lagestabilisierung eingesetzt werden können, bis militärische Kräfte und Kapazi-

---

[44] Als ziviles Headline Goal wurde beim Ratsgipfel in Feira (Juni 2000) dann beschlossen, bis zum Jahr 2003 bis zu 5.000 Polizeibeamte für Konfliktprävention und Konfliktbewältigung bereitzustellen.

[45] Vgl. Blanck, Kathrin, Die Europäische Sicherheits- und Verteidigungspolitik im Rahmen der Europäischen Sicherheitsarchitektur, a. a. O., S. 118. Damit wurde das vorweggenommen, was im Vertrag über die Europäische Verfassung dann Berücksichtigung fand.

[46] Vgl. zum Text der Europäischen Sicherheitsstrategie, Brüssel, 12. Dezember 2003, entnommen den Internetinformationen des Rates der Europäischen Union: http://ue.eu.int/uedocs/ cmsUpload/031208ESSIIDE.pdf, eingesehen am 13.01.2006

[47] Dabei handelt es sich um kleine, hochmobil ausgerüstete und moderne Kampfeinheiten.

täten anderer Organisationen, z. B. UN-Friedenstruppen oder andere Streitkräfte vor Ort eingetroffen sind.[48]

5.2 Die Herausbildung und Entwicklung der NATO

Nachfolgend soll die historische Entwicklung der NATO näher betrachtet werden. Dabei erfolgt eine zeitliche Untergliederung in die Meilensteine vor und nach dem Jahr 1991. Dem Autor ist es wichtig, neben der zeitlichen Differenzierung insbesondere die Meilensteine in der Entwicklung herauszuarbeiten, die zu einer Erweiterung bzw. zu einem Richtungs- und Strukturwechsel im Bündnis führten.

5.2.1 Die Entwicklung der NATO bis 1991

Die Gründung der NATO kann als Reaktion auf die Entwicklung des zunehmenden Ost-West-Konfliktes betrachtet werden.[49] Als Anzeichen des zunehmenden Konfliktpotenzials in den Jahren 1945 – 1949 galten die Expansionsbestrebungen der Sowjetunion, die Blockade Berlins und der Staatsstreich in der Tschechoslowakei. Insbesondere Norwegen, Türkei und Griechenland waren von der russischen Erweiterungspolitik unmittelbar betroffen, da sie sich geografisch im Einzugsgebiet der Sowjetunion befanden. Der Brüsseler Pakt – eine Vorstufe des NATO-Vertrages – wurde im März 1948 mit dem Ziel geschlossen, ein Verteidigungsbündnis aufzubauen, um Bedrohungen politischer oder militärischer Art entsprechend begegnen zu können.[50] Die Bündelung der vorhandenen, relativ geringen militärischen Kapazitäten und Fähigkeiten in Europa konnte jedoch nicht als realistisches Gegengewicht zur Sowjetunion betrachtet werden und stellte daher nur ein Vorläufer für ein mögliches transatlantisches Bündnis unter Einbeziehung der USA dar.

Weitere Verhandlungsrunden, von den Mitgliedern des Brüsseler Vertrages über eine große gemeinsame und partnerschaftliche, nordatlantische Allianz initiiert, führten schließlich im April 1949 zur Unterzeichnung des Vertrages von Washington und damit zur Gründung der NATO. Zusätzlich zu den in Kapitel 5.1.1 angeführten Partnern des Brüsseler Vertrages waren jetzt Dänemark, Island, Italien,

---

[48] Kamp, Karl-Heinz, Europäische „Battle Groups" – ein neuer Schub für die ESVP?, 15. Dezember 2004, entnommen den Internetinformationen der Konrad Adenauer Stiftung: http://www.kas.de/db_files/dokumente/analysen_und_argumente/7_dokument_dok_pdf_5827_1.pdf, S. 2, 3 von 5, eingesehen am 20.02.2006

[49] Vgl. Varwick, Johannes / Woyke, Wichard, Die Zukunft der NATO, a. a. O., S. 53

[50] Vgl. o. V., NATO-Handbuch, NATO Office of Information and Press, Brüssel 2001, entnommen den Internetinformationen der NATO: www.nato.int/docu/other/de/handbook.pdf, eingesehen am 11.02.2006, S. 32 von 609. Vgl. auch Ausführungen in Kapitel 5.1.1.

Norwegen, Portugal, USA und Kanada Mitglieder dieses Verteidigungsbündnisses; Nordamerika und Europa wuchsen zusammen. Amerika engagierte sich nicht nur vorübergehend militärisch in Europa; es sollte zukünftig an der europäischen Integration aktiv mitwirken. Diese Klammerbildung – Nordamerika und Westeuropa –, insbesondere die Anwesenheit Amerikas, führte allerdings auch zur endgültigen Spaltung Europas, d. h. in Europa wurde das nachvollzogen, was sich in der Welt manifestierte: die Teilung in Ost und West. Die Sowjetunion sah durch dieses aktive Engagement Amerikas in Europa seine eigene Vormachtstellung gefährdet. Diese neue transatlantische Bündnisstruktur stand auch im Widerspruch zu den geplanten Expansionsbestrebungen.[51]

Die NATO wurde aber auch mit dem Ziel gegründet, noch unter dem Einfluss des 2. Weltkrieges, Schutz vor einem militärisch neu erstarkten Deutschland zu bieten. Der Ausspruch Lord Ismays „keep the Russians out, America in and Germany down"[52] verdeutlicht den Charakter des Beistandspaktes.

Der Koreakrieg im Juni 1950[53] ließ Befürchtungen aufkommen, dass die kommunistische Sowjetunion auch die USA und vor allem Westeuropa bedrohen und angreifen könnte. Der Beitritt der Türkei und Griechenlands im Jahr 1952 war in Anbetracht des sich zunehmend verschlechternden Ost-West-Verhältnisses[54] und der oben geschilderten geografischen Lage beider Staaten nur folgerichtig. Im Umkehrschluss erreichte die geografische Ausdehnung des Verteidigungsraumes der NATO nun unmittelbar die Grenze zur Sowjetunion.

Der Beitritt der Bundesrepublik Deutschland 1955 zur NATO löste als Reaktion des Ostblocks unter der Führung der Sowjetunion die Gründung des Warschauer Paktes (Warschauer Vertrages) im gleichen Jahr aus.[55] Der Warschauer Vertrag als Gegengewicht zur NATO bzw. zum Nordatlantikvertrag zementierte die Teilung in Ost und West und damit gleichzeitig das gegenseitige Abschreckungsszenario.

Der Bau der Berliner Mauer (1961) und die Kubakrise (1962) waren zeitlich kurz aufeinanderfolgende historische Ereignisse und Höhepunkte des Kalten Krieges mit einer direkten Konfrontation beider Blöcke; die Welt stand am Rande eines Atom-

---

51 Aufbau von Satellitenstaaten, Vergrößerung des kommunistischen Machtbereiches.
52 Zitiert nach Fischer, Joschka, Rede in der Bundestagsdebatte anläßlich des 50. Jahrestages der Gründung der NATO, 22.04.1999, entnommen den Internetinformationen des Auswärtigen Amtes: http://www.auswaertiges-amt.de/www/de/infoservice/download/pdf/reden/1999/ r990422b.pdf, Seite 1 von 5, eingesehen am 20.02.2006
53 Angriff des kommunistischen Nordkoreas auf das eher kapitalistisch geprägte Südkorea.
54 Beispiele hierfür waren die Berlin-Krise 1948/1948 und der Staatsstreich in der Tschechoslowakei.
55 Vielleicht war genau diese Art Vorwand nötig (Beitritt der Bundesrepublik Deutschlands zur NATO), um ein Bündnis zu schaffen, welches auf dem Papier schon lange existierte.

krieges. Innerhalb der NATO führte dies zu einem Integrationsschub bzw. Anpassungsdruck, d. h. die Strukturen verfestigten sich und entwickelten sich weiter. Aus der Erkenntnis heraus, dass ein Atomkrieg die totale Vernichtung der Gesellschaft ohne Sieger herbeiführen würde, wuchs die NATO zusammen, die Mitgliedsländer arbeiteten enger zusammen, um den Status Quo aufrechtzuerhalten. Eine nach außen hin uneins auftretende bzw. zersplitterte NATO hätte einerseits die Position der USA als Führungsmacht in der NATO geschwächt. Andererseits hätte ein Auseinanderdriften der NATO-Mitgliedsländer die Stärkung des Warschauer Paktes bewirkt und eine Verschiebung der Machtverhältnisse zur Folge gehabt.

Auch innerhalb der NATO gab es zu dieser Zeit Krisenerscheinungen. So zog sich Frankreich 1966 unter Charles de Gaulle aus den militärischen Stäben der NATO zurück, um Strukturveränderungen zu erreichen, blieb aber weiterhin Mitglied der Allianz. Hintergrund dieser Entscheidung waren Unabhängigkeitsbestrebungen und die Stärkung des Nationalstaates Frankreich unter de Gaulle. Zudem lehnte Frankreich ein Kommando seiner militärischen Einheiten unter NATO-Führung ab. Daraufhin beschlossen die restlichen Mitgliedsstaaten, die wichtigsten Institutionen und das Hauptquartier der NATO von Paris nach Mons in Belgien zu verlegen.

Nach Beendigung der Kuba-Krise führte die etablierte bipolare Patt-Situation erstmals zu einer Phase der Entspannung. Der Atomwaffensperrvertrag, das Einrichten von Nachrichtenverbindungen zwischen den Blöcken sowie Vereinbarungen über die Zusammenarbeit zwischen USA und Sowjetunion blieben auch für die NATO nicht ohne Auswirkungen. Am 13./14. Dezember 1967 wurde vom NATO-Rat der „Bericht des Rates über die künftigen Aufgaben der Allianz" (auch Harmel-Bericht[56]) beschlossen, wonach sich die Allianz jetzt nicht nur als militärisches, sondern auch als politisches Bündnis verstand.[57] Die Allianz vollzog damit den Wandel zu einer verstärkt politisch ausgerichteten Organisation.

Die siebziger und achtziger Jahre waren nachhaltig geprägt von der strategischen, nuklearen Aufrüstung der Sowjetunion, gegenseitiger Rüstungskontrolle und dem Vietnam-Krieg. In dieser Zeit, im Jahr 1982, trat dann Spanien als 16. Land der NATO bei.

---

[56] Benannt nach dem damaligen belgischen Außenminister Pierre Harmel.

[57] Vgl. Wendlberger, Andreas, Die Geschichte der NATO 1949–1990, 19. März 2004, entnommen den Internetinformationen der Deutschen Gesellschaft für Auswärtige Politik e. V.: http://www. weltpolitik.net/Sachgebiete/Internationale%20Sicherheitspolitik/Grundlagen%20internationaler %20Sicherheitspolitik/Akteure/NATO/Grundlagen/Fortsetzung4:%20Geschichte%20der%20N ATO%201949-1990.html, Ziff. 2.4, S. 13 von 14, eingesehen am 01.02.2006 – So kann das neue Selbstverständnis der NATO mit „Sicherheit gleich Verteidigung und Entspannung" umrissen werden.

Unter der Führung Michael Gorbatschows setzte sich die Entspannungspolitik in beschleunigter Form weiter fort. Die Londoner Erklärung vom 06.07.1990 kann als eine der weitreichendsten Erklärungen der Staats- und Regierungschefs seit Gründung der NATO bezeichnet werden, da sowohl das Verhältnis zu den ehemaligen Staaten des Warschauer Paktes auf eine neue institutionelle Grundlage gestellt wurde, als auch die Aufgabenerweiterung der NATO Grundlage neuer Strategien und Überlegungen war.[58] Die NATO erklärte gleichzeitig ihre Bereitschaft zur Zusammenarbeit mit den Warschauer-Pakt-Staaten bei gleichzeitigem Gewaltverzicht. Mit dem Zusammenbruch der Sowjetunion und der Auflösung des Warschauer Paktes 1991 endete der Kalte Krieg. Die NATO hatte nach vier Jahrzehnten einen Sieg errungen und den Frieden bewahrt. Das Ende des Ost-West-Konfliktes bedeutete für die Allianz der NATO-Mitgliedstaaten aber auch eine enorme Herausforderung. Fragen über Sinn und Zweck, zukünftige Aufgaben, Rollen, Ziele und Mittel des Bündnisses wurden gestellt.

5.2.2 Die Entwicklung der NATO seit 1991

Auf der Konferenz in Rom im Jahr 1991 wurde ein strategisches Konzept verabschiedet, welches der neuen Sicherheitslage nach Wegfall des Ost-West-Konfliktes Rechnung tragen sollte. Wichtigster Beschluss war die Einrichtung eines NATO-Kooperationsrates. Dieser Rat hatte die Aufgabe, die Zusammenarbeit mit den Staaten aufzunehmen und zu stärken, die noch nicht Mitglied in der NATO waren mit dem Ziel des Beitritts; besonders die ehemaligen Warschauer-Pakt-Staaten waren die Adressaten. Die 1994 in Brüssel verabschiedete Initiative „Partnerschaft für den Frieden"[59] stellte qualitativ nur einen Zwischenschritt zur Umwandlung des Kooperationsrates in den Euro-Atlantischen Partnerschaftsrat dar, welche 1997 auf der Konferenz von Madrid beschlossen wurde. So beinhaltete sowohl der NATO-Kooperationsrat als auch die aufgeführte Initiative weder Sicherheitsgarantien und Mitgliedschaftszusagen, noch militärische Beistandsverpflichtungen, die von den mittel- und osteuropäischen Staaten aber zunehmend gefordert wurden.[60]

Auf dem Gipfeltreffen in Madrid wurden ferner konkrete Beitrittsgespräche mit Polen, Ungarn und der Tschechischen Republik geführt, die nach der Unterzeichnung der Beitrittsprotokolle und Ratifizierung in den einzelnen Staaten zum Beitritt dieser Länder im Jahre 1999 führte. Dem vorangegangen war 1995 in Paris die Verabschiedung einer europäischen Erweiterungsstudie „Study on NATO Enlargement", welche

---

[58] Vgl. Warg, Gunter, Von Verteidigung zu kollektiver Sicherheit, Frankfurt am Main 2004, S. 175

[59] Diese Initiative war zunächst als Alternative zur Ost-Erweiterung der NATO (Beitritt von MOE-Staaten) konzipiert; de facto war es eine Verzögerung der Beitrittsverhandlungen mit den MOE-Staaten.

[60] Vgl. Meier-Walser, Reinhard C., Die Entwicklung der NATO 1990–2004, a. a. O., S. 30

die zurückhaltende Einstellung bezüglich des Beitritts von MOE-Staaten zu Gunsten eines klaren Bekenntnisses zur Ausdehnung der NATO beinhaltete; die USA übernahmen hierbei überraschend eine Führungsrolle.[61] Die Haltung Russlands zu den Erweiterungsrunden der NATO war zu diesem Zeitpunkt grundsätzlich ablehnend. Zwar erkannte Russland das Recht eines Staates auf freie Bündniswahl an, sah in der Osterweiterung der NATO aber das falsche Signal und Vorgehen für die Gewährleistung von Sicherheit in Europa.[62] So war auch die gewählte Bezeichnung Enlargement – übersetzt: Ausdehnung, Erweiterung, Vergrößerung – im Titel der Studie den Beziehungen zu Russland nicht gerade förderlich. Mit dieser Wortwahl wird seitens des Lesers grundsätzlich ein territorialer Anspruch auf Vergrößerung des Raumes mit einhergehender Vergrößerung und Ausdehnung des Machtbereiches verbunden, der durchaus negative Assoziationen hervorruft, zumal erst wenige Jahre nach dem Zerfall der Sowjetunion vergangen waren.[63]

Einen weiteren Meilenstein in der Entwicklung der NATO stellte dann die 1997 in Paris beschlossene NATO-Russland-Akte dar. Hintergrund dieser aktiven Einbeziehung Russlands in die neuen Sicherheitsstrukturen waren die oben geschilderten Befürchtungen, dass die vorangegangenen und geplanten Erweiterungen die politischen Beziehungen zu Russland weiter belasten könnten. Auch die Erkenntnis, dass neue Sicherheitsstrukturen im transatlantischen Verhältnis ohne die Beteiligung Russlands nicht zu realisieren gewesen wären, trug zur Unterzeichnung des Pariser Beschlusses bei. Die Zusammenarbeit und Kooperation zwischen NATO und Russland wurde auf eine neue Basis gestellt; jedoch grenzte die Akte das Mitspracherecht beider Partner dahingehend ein, dass in Sicherheitsangelegenheiten ein Mitspracherecht bei den Aktivitäten des jeweils anderen nicht existiert: „Both sides have agreed that nothing in this document restricts or impedes the ability of either side to decide independently. It does not provide NATO or Russia at any stage with a right of veto over the actions of the other.“[64]

Auch militärisch stand die NATO in den neunziger Jahren vor Veränderungen. Im europäischen Kontext sind zwei Ereignisse von besonderer Bedeutung: Nach der Vorstellung der Europäischen Verteidigungsidentität 1994 in Brüssel mit dem Ziel der Verbesserung der militärischen Fähigkeiten Europas in der NATO wurde auf der NATO-Tagung 1996 in Berlin der Combined Joint Task Forces – Beschluss

---

[61] Ebenda, S. 30. Siehe zu weiterführenden Ausführungen bzgl. der Erweiterungsstudie: Internetinformationen der NATO: http://www.nato.int/issues/study_on_enlargement/index.html, eingesehen am 13.02.2006

[62] Vgl. Varwick, Johannes / Woyke, Wichard, NATO 2000, Opladen 1999, S. 97

[63] Die Wahl einer weicheren Formulierung im Titel der Studie, z. B. Öffnung der NATO nach Osten, hätte zwar nicht zu einer vollständigen Überwindung der ablehnenden Haltung Russlands geführt, aber die psychologische Schwelle zu Gesprächen und Kompromissen wäre wahrscheinlich auf einer niedrigeren Ebene angesiedelt gewesen.

[64] Meier-Walser, Reinhard C., Die Entwicklung der NATO 1990-2004, a. a. O., S. 30

34

(CJTF) verabschiedet, welcher der WEU einen Zugriff auf NATO-Ressourcen in den Bereichen Logistik und Material ermöglichte.[65]

50 Jahre nach Gründung der NATO[66] traten folgende neue Staaten dem Bündnis bei: Polen, Ungarn, Tschechien. Ferner beschloss die NATO in Washington u. a. eine Anpassung des strategischen Konzeptes aus dem Jahr 1991, welches der geänderten sicherheitspolitischen Lage in Bezug auf zukünftige Aufgaben ausreichend Rechnung tragen sollte. Die Verteidigungsverpflichtung, die kooperative Partnerschaft, insbesondere zu Russland, der Ukraine und der EU wurden bekräftigt; eine Initiative zur Verbesserung der militärischen Fähigkeiten wurde verabschiedet. Mit diesen Ereignissen,[67] 50 Jahre nach der Gründung des Bündnisses, hatte die NATO „den Wandel von einer kollektiven Verteidigungsallianz zu einer Ordnungs- und Stabilitätsinstitution in und für Europa weitgehend vollzogen.“[68]

Die Beziehungen der EU und der NATO wurden im Jahr 2001 auf eine neue Entwicklungsstufe gestellt. Die ersten formellen Gespräche auf der Ebene der Außenminister zwischen beiden Organisationen fanden statt. Die Anschläge vom 11.09.2001[69] führten zudem erstmals in der Geschichte der NATO zur Aktivierung des Bündnisfalls.

Die NATO stand zudem vor einer neuen Erweiterungsrunde. Folgende Länder sollten bis 2004 in die Allianz aufgenommen werden: Estland, Lettland, Litauen, Slowenien, Slowakei, Rumänien, Bulgarien. Ab 2004 waren nunmehr 26 Staaten Mitglied in der NATO. In militärischer Hinsicht wurde gemeinsam mit der EU im Dezember 2002 das Berlin-Plus-Abkommen abgeschlossen, wonach die EU ab diesem Zeitpunkt bei militärischer Inaktivität der NATO gesichert auf die Planungsressourcen der NATO zurückgreifen kann; eine Einzelfallentscheidung ist nicht erforderlich.[70] Einen Monat vor Berlin-Plus beschloss die NATO die Einrichtung einer NATO Response Force (NRF) mit einer Stärke von bis zu 21.000 Soldaten. Die Schaffung dieser multinationalen Eingreiftruppe soll die NATO in die Lage versetzen, schnell und flexibel auf die in Kapitel 4 vorgestellte, veränderte Sicherheitslage und eventuelle Bedrohungen reagieren zu können.

---

65 Vgl. Borchert, Heiko, NATO: Kollektive Verteidigung im Wandel, Vorlesung „Sicherheitspolitik“ am 28.04.2003 an der Universität St. Gallen, entnommen den Internetinformationen der Beratungsgesellschaft Dr. Heiko Borchert & Co.: http://www.borchert.ch/paper/HSG_0428_NATO. pdf, S. 4 von 15, eingesehen am 13.02.2006. Auch Berlin-Vereinbarung oder Berlin-Abkommen genannt.

66 Überschattet wird dieses Ereignis durch den Kosovo-Konflikt.

67 Beitritt von drei neuen Staaten, neues strategisches Konzept.

68 Meier-Walser, Reinhard C., Die Entwicklung der NATO 1990–2004, a. a. O., S. 33.

69 Siehe hierzu ergänzende Ausführungen im Kapitel 4.2.2.

70 Vgl. Varwick, Johannes (Hrsg.): Die Beziehungen zwischen EU und NATO, a. a. O., S. 301

5.3 Zwischenergebnis

Als Zwischenergebnis kann festgehalten werden, dass der entstandene Ost-West-Konflikt nach dem Ende des 2. Weltkrieges ursächlich für die Herausbildung der NATO war, als auch den historischen Auslöser für die Entwicklung der ESVP bildete. Die Wurzeln der ESVP und der NATO beginnen an einem gemeinsamen Strang: dem Vertrag von Dünkirchen und dem Brüsseler Pakt. Die im Vergleich zur NATO noch junge ESVP (rechtliche Verankerung erst mit dem Vertrag von Maastricht) als Teil der GASP entwickelte sich in sehr kurzer Zeit zu einem wichtigen Bestandteil in der Europäischen Union. Bedenkt man die Rückschläge in der Entwicklung der ESVP (EVG, Fouchet) und die jahrelang bestehenden unverbindlichen Abkommen und Agreements (EPZ) sind die kurz aufeinanderfolgenden zeitlichen Meilensteine und die Geschwindigkeit der Veränderungen beachtlich. Es bleibt aber festzustellen, dass die ESVP bzw. die Sicherheitspolitik als Eingriff in den Kernbereich nationaler Souveränität jahrzehntelang von außenpolitischen Einigungs- und Integrationsprozessen ausgenommen war.

Erweiterungsrunden in beiden Organisationen trugen einerseits dem veränderten Sicherheitsumfeld nach dem Zusammenbruch der Sowjetunion und der Beendigung des Ost-West-Konfliktes Rechnung. Andererseits wurden mit Erweiterungen bestehender Bündnisse Ziele wie Machterhalt, Machtsicherung und Machtausbau sowie geografische Grenzziehung assoziiert. Die Erweiterungsrunden der NATO, insbesondere der Beitritt der Türkei, Griechenlands und Deutschlands waren ein Zeichen in Richtung Sowjetunion, dass ein gestärkter Gegen-Part existiert, der auch bereit ist, notfalls militärische Aktionen zur Verteidigung einzusetzen.

Risse in der stabilen und berechenbaren Welt des Eisernen Vorhanges (z. B. Korea-Krieg, Expansionsbestrebungen der Sowjetunion) führten sowohl in Europa als auch in der NATO zu unterschiedlichen Reaktionen. In Europa wurde der Versuch unternommen, sich gemeinschaftlich im Bereich kollektiver Verteidigung zu engagieren und ein eigenes Bündnis zu errichten. In der NATO führten Krisenherde und Konflikte in letzter Konsequenz zu einem Integrationsschub aus der Erkenntnis heraus, dass es keine Alternative zur NATO als Gegengewicht zum Warschauer Pakt gab. In Europa verhinderte diese uneingeschränkte Vormachtstellung der NATO zudem die Entstehung neuer Allianzen. Als nach 1991 die Entwicklung der ESVP konkrete Formen annahm, wurde deutlich, dass zunächst auf NATO-Kapazitäten aufgebaut und zurückgegriffen werden musste. Erst mit Integration der WEU und dem schrittweisen Aufbau eigener Kräfte erfolgte eine allmähliche sicherheitspolitische Emanzipation Europas. Die Übernahme von NATO-Missionen durch die EU kann als Beleg dafür gelten. Mit der Konkretisierung der ESVP in den Verträgen der EU war aber auch eine zunehmende gegenseitige Annäherung beider Organisationen verbunden, die ihren Ausdruck in gemeinsamen Aktionen und Operationen fand. Bemerkenswert ist in diesem Zusammenhang, dass der 1954 gescheiterte Pleven-Plan im nachhinein als Richtschnur für die politische und sicherheitliche Dimension und Integration in Europa gelten kann.

Die im operativen Bereich vollzogenen Entwicklungen beider Organisationen, Battle Groups der EU und NATO Response Force, zeigen durchaus ähnliche und vergleichbare Ansätze, deren Auswirkungen in einem späteren Kapitel noch näher zu untersuchen sind.

Bereits mit diesem historischen Überblick wird deutlich, dass viele Probleme und Schwierigkeiten heutiger Integrationsbestrebungen und Kooperationsvereinbarungen ihre Ursachen in der verschiedenen Entwicklung beider Organisationen haben.

6. Rechtliche Grundlagen der NATO und der EU

Im folgenden Kapitel sollen die Kernbestimmungen des Nordatlantikvertrages[71] und des Vertrages über die Europäische Union in der Fassung des Vertrages von Nizza (EUV)[72] untersucht werden. Schwerpunkte bilden die in den Verträgen formulierten Zielsetzungen, die Regelungen über militärische Beistandsverpflichtungen sowie die Beitrittshürden. Die rechtlichen Grundlagen der Organe, Akteure und Instrumente beider Organisationen bleiben in dieser Betrachtung unberücksichtigt. Dem Autor ist bewusst, dass dies eine stark verkürzte Sicht auf diese Verträge darstellt. Ziel ist es, im Anschluss an die getrennte Betrachtung der Kernbestimmungen einen Vergleich einzelner Aspekte vorzunehmen.

6.1 Der NATO-Vertrag mit Kernbestimmungen

Gegliedert ist der Nordatlantikvertrag (im folgenden NATO-Vertrag) in eine Präambel und 14 Artikel. In der Präambel sind bereits Ziele und Methoden des Vertrages hinterlegt. Danach bekennen sich die Mitgliedsstaaten zur Satzung (Charta) der Vereinten Nationen und dem Grundsatz des Friedens und der Völkerverständigung. Eine Entschlossenheit zur Verteidigung ihrer Werte und Normen, sowohl auf militärischem als auch auf sozialem und kulturellem Gebiet wird ebenso bekräftigt. Im Vertrag wird somit eine Unterscheidung zwischen Verteidigung im engeren Sinne und dem Begriff der Sicherheit vorgenommen.[73]

In Artikel 2 NATO-Vertrag werden die verfolgten Ziele und Verpflichtungen der einzelnen Mitgliedsstaaten festgeschrieben. Die Verpflichtungen, ein besseres gegenseitiges Verständnis herbeizuführen und die Festigung sowie Stärkung der Institutionen und Einrichtungen in den Mitgliedsstaaten sollen zu einer weiteren friedlichen Entwicklung der internationalen Beziehungen beitragen. Hierdurch wird eine von innen nach außen gerichtete Sichtweise deutlich. Die Verfasser des Vertrages machten damit die innere Einheit und das Verständnis der beigetretenen Staaten untereinander zur Voraussetzung für die friedliche Entwicklung internationaler Beziehungen. Diese Forderung, dass Verständnis auch für soziale und ökonomische Grundsätze zu wecken bzw. zu verbessern, relativiert zunehmend den vorherrschenden militärischen Anspruch des NATO-Vertrages. Satz 2 des Artikels 2 NATO-Vertrag weitet den Anwendungsbereich zudem explizit auch auf nichtmilitärische Bereiche aus. Mit der Zielsetzung der Beseitigung von Hemmnissen im Bereich der Wirtschaftspolitik und der Förderung

---

[71]   Vgl. Nordatlantikvertrag vom 04. April 1949, in: o. V., Das Atlantische Bündnis 1949–1989, Tatsachen und Dokumente, NATO-Informationsdienst, 7. Auflage, Brüssel 1990, S. 404 – 406

[72]   Vgl. Vertrag von Nizza, a. a. O.

[73]   Vgl. Varwick, Johannes / Woyke, Wichard, Die Zukunft der NATO, a. a. O., S. 24

von wirtschaftlicher Zusammenarbeit zwischen den Mitgliedsstaaten wird der nichtmilitärische Aspekt deutlich.

Über die Verpflichtung der Konsultation bei Bedrohung der Unversehrtheit des Gebiets, der politischen Unabhängigkeit oder der Sicherheit einer der Parteien,[74] verankert in Artikel 4 des NATO-Vertrages, wird in Artikel 5 als Kernkomponente das Thema der kollektiven Verteidigung und damit der Beistandsverpflichtung aufgegriffen. Werden ein oder mehrere Partner mit Waffengewalt angegriffen, gilt dies als Angriff auf die gesamte Allianz. Ein Automatismus oder Rechtsanspruch, d. h. ein automatischer militärischer Beistand, ist damit nicht verbunden, da jeder Mitgliedsstaat im eigenen Ermessen unverzüglich und im Zusammenwirken mit anderen Partnern lediglich die Maßnahmen, einschließlich militärischer Gewalt, trifft, die er für erforderlich erachtet.[75]

Daher besteht dem Grunde nach kein Rechtsanspruch gemäß Artikel 5 NATO-Vertrag auf militärischen Beistand, auch wenn beispielsweise die USA Deutschland, als es noch nicht Mitglied der NATO war, eine Sicherheitsgarantie gaben. Artikel 6 NATO-Vertrag, welcher das Vertragsgebiet bestimmt, legt jedoch fest, dass Artikel 5 NATO-Vertrag auch greift, wenn ein bewaffneter Angriff auf Streitkräfte erfolgt, die sich in einem europäischen Gebiet, „in dem eine der Parteien bei Inkrafttreten des Vertrags eine Besatzung unterhält". Mit In-Kraft-Treten des Grundgesetzes 1949 endete jedoch die Besatzung durch die Siegermächte. Über den Sonderfall Berlin allerdings, der in vier Sektoren aufgeteilt war und der von allen vier Besatzungsmächten gleichzeitig verwaltet wurde (einschließlich der Stationierung von Streitkräften) ließe sich der Bündnisfall und damit auch der Anspruch auf militärischen Beistand konstruieren, sollte ein Angriff beispielsweise durch die Sowjetunion erfolgen.[76]

Eine weitere Kernbestimmung ist Artikel 10 NATO-Vertrag. Er bildet die Anspruchsgrundlage für die Aufnahme bzw. den Beitritt weiterer europäischer Staaten. Der Beschluss hierzu muss einstimmig erfolgen. Der NATO kann demnach gemäß Artikel 10 NATO-Vertrag grundsätzlich jeder europäische Staat beitreten, „der in der Lage ist, die Grundsätze dieses Vertrages zu fördern und zur Sicherheit im nordatlantischen Gebiet beizutragen". Dies ist eine notwendige, aber nicht hin-

---

[74] Hierbei handelt es sich nicht um eine Soll- oder Kann-Vorschrift, sondern um eine Verpflichtung bei unmittelbarer Betroffenheit oder Gefahr. Zudem ist jeder Mitgliedsstaat ermächtigt, auch wenn er selbst nicht betroffen ist, eine Konsultation herbeizuführen. Dieser Zusatz verhindert ggf. Fehleinschätzungen und Interpretationen der eigenen Lage und fördert des Weiteren die Zusammenarbeit und das Verständnis der Bündnispartner untereinander.

[75] Vgl. Varwick, Johannes / Woyke, Wichard, Die Zukunft der NATO, a. a. O., S. 26 mit Verweis auf Artikel V des Brüsseler Paktes, wo dieser Automatismus vertraglich verankert ist.

[76] Kritisch hierzu Varwick, Johannes / Woyke, Wichard, Die Zukunft der NATO, a. a. O., S 27, der einen Rechtsanspruch bzgl. der Sicherheitsgarantien USA-Deutschland verneint.

reichende Bestimmung in Ermangelung größerer ungelöster territorialer Probleme
der potenziellen NATO-Beitrittskandidaten. Es existieren zudem keine bestimmten und objektiven Kriterien für den Beitrittsprozess. Damit hat die Entscheidung
über die Aufnahme in die NATO letztendlich politischen Charakter, jedoch ein
Automatismus ist damit nicht verbunden.

6.2 Die Verankerung der ESVP in den Verträgen der EU

Die Beschränkung auf Regelungen des Vertrages über die Europäische Union in der
Fassung des Vertrages von Nizza als letztem Änderungsvertrag wurde gewählt, da
die Herleitung und Veränderung von Bestimmungen des Maastrichter Vertrages nicht
Gegenstand dieser Arbeit sind. Vielmehr sollen das Untersuchen und Interpretieren
von Kernbestimmungen das Verständnis nachfolgender Kapitel und Ereignisse er-
leichtern. Mit Inkrafttreten des Vertrages vom Maastricht wurde die GASP in der Europäischen Union rechtlich verankert (vgl. hierzu die Ausführungen in Kapitel 5.1.4).
Bereits in einer der Präambel ähnlichen Form wird als ein Ziel der Europäischen
Union die GASP genannt, die in den nächsten Schritten zur gemeinsamen Verteidigungspolitik und zur gemeinsamen Verteidigung führen kann. Die Bedeutung, die
der GASP und damit mittelbar der ESVP zukommt, wird unterstrichen.

Die für die ESVP als Teil der GASP maßgeblichen Kernbestimmungen sind Artikel
11 und Artikel 17 EUV. Gemäß der Definitionen in Artikel 11 EUV, die sich auf
alle Bereiche der Außen- und Sicherheitspolitik der Europäischen Union beziehen,
sind die Unabhängigkeit und die Unversehrtheit der Union sowie die Stärkung der
Sicherheit der Union in allen ihren Formen im 1. und 2. Spiegelstrich verankert.
So ist unter die Unversehrtheit der Union die Bewahrung der territorialen Integri-
tät subsumierbar; eine Beistandsverpflichtung kann und soll daraus jedoch nicht
abgeleitet werden.[77] Das Ziel der Stärkung der Union mit dem Zusatz in „all ihren
Formen" erweitert den Anwendungsbereich der Außen- und Sicherheitspolitik auch
auf die zwei anderen Säulen der Europäischen Union.[78] Das Bekenntnis zur Frie-
denswahrung und zur Stärkung der internationalen Sicherheit im 3. Spiegelstrich
stellt das verteidigungspolitische Element dar und verdeutlicht, dass die Europäische Union bereit ist, auch militärisch tätig zu werden. Sie fühlt sich dabei an die
Grundsätze der Charta der Vereinten Nationen, die Schlussakte von Helsinki und
die Charta von Paris gebunden. Die Berufung auf die Grundsätze der Charta der
Vereinten Nationen erfolgt ebenfalls im ersten Spiegelstrich des Artikels 11 EUV.
Diese Mehrfachnennung kann dahingehend ausgelegt werden, dass die VN-Char-

---

[77] Vgl. Blanck, Kathrin, Die Europäische Sicherheits- und Verteidigungspolitik im Rahmen der
     Europäischen Sicherheitsarchitektur, a. a. O., S. 174
[78] Neben den Europäischen Gemeinschaften auch auf die polizeiliche und justizielle Zusammenar-
     beit in Strafsachen.

ta als Maßstab aller im Rahmen der ESVP durchgeführten Maßnahmen angelegt werden muss und somit die Gesamtheit der ESVP umfasst.[79]

Die im 4. und 5 Spiegelstrich des Artikels 11 EUV aufgeführten Ziele – Förderung der internationalen Zusammenarbeit, Entwicklung und Stärkung von Demokratie und Rechtsstaatlichkeit sowie die Achtung der Menschenrechte und Grundfreiheiten – sind spiegelbildlich für die Außenbeziehungen und das tatsächliche Auftreten der EU gegenüber anderen Organisationen und Einrichtungen. Besonders die Stärkung der Rechtsstaatlichkeit und die Achtung von Menschenrechten und Grundfreiheiten kann mit aktuellen Beispielen belegt werden. So fordert jetzt auch das Europäische Parlament in der Guantanamo-Debatte die Schließung des Gefangenenlagers mit der Begründung, die USA verletze Völkerrecht, da den Gefangenen ein ordentlicher Gerichtsprozess mit Rechtsbeistand verwehrt wird und die angewandten Maßnahmen und Verhörmethoden durchaus den Tatbestand der Folter erfüllen.[80]

Artikel 17 EUV fand bereits im Zusammenhang mit der Untersuchung der vertraglichen Meilensteine in der Entwicklung der ESVP Erwähnung, als auf die Einbeziehung der Petersberg-Aufgaben Bezug genommen wurde. Dieser Aufgabenkatalog (Artikel 17 Abs. 2 EUV) bildet die Ermächtigungsgrundlage für sowohl zivile als auch militärische Intervention, konkret zur Durchführung humanitärer Aufgaben und Rettungseinsätze, friedenserhaltender Aufgaben sowie Kampfeinsätze bei der Krisenbewältigung einschließlich friedensschaffender Maßnahmen. Nach Ratsbeschluss kann zudem die Aufgabenerfüllung nach Petersberg zur schrittweise Festlegung einer gemeinsamen Verteidigungspolitik führen, mit dem Ergebnis einer gemeinsamen Verteidigung (Artikel 17 Abs. 1 Satz 1 EUV). Mit dem Wegfall der Bezugnahme auf die WEU als ausführendes Organ dieser Tätigkeiten in Ermangelung eigener Kapazitäten im Nizza Vertrag werden zwei Tatsachen deutlich: Die EU steht nun weltweit als Krisenreaktionskraft bereit und will diese Aufgaben zum Teil auch mit eigenen Mitteln und Kapazitäten wahrnehmen. Diese Tatsache kann als Vorstufe zu einer gemeinsamen und kollektiven Verteidigung gewertet werden.

Zur Änderung des räumlichen Geltungsbereiches und damit für den Beitritt neuer Staaten ist Artikel 49 EUV einschlägig. Danach kann jeder europäische Staat die Mitgliedschaft in der Union beantragen. Der beitrittswillige Staat muss die Grundsätze der Freiheit, der Demokratie, der Menschenrechte und Grundfreiheiten sowie

---

[79]   In Konsequenz so auch: Blanck, Kathrin, Die Europäische Sicherheits- und Verteidigungspolitik im Rahmen der Europäischen Sicherheitsarchitektur, a. a. O., S. 174

[80]   Vgl. o. V., EU-Parlament fordert jetzt auch Schließung von Guantanamo, Handelsblatt, Donnerstag 16.02.2006, entnommen den Internetinformationen der Wirtschaftszeitung Handelsblatt: http://www.handelsblatt.com/hbiwwwangebot/fn/relhbi/sfn/buildhbi/cn/bp_artikel/docid/1036287/STRUCID/200013/PAGEID/200051/, S. 1 von 1, eingesehen am 23.02.2006

der Rechtsstaatlichkeit achten (Verweis auf Artikel 6 Abs. 1 EUV). Im Juni 1999 wurden zudem vom Europäischen Rat in Kopenhagen drei Beitrittsbedingungen – auch Kopenhagen-Kriterien genannt – festgelegt, die ein Bewerberland als Voraussetzung erfüllen muss:

- „Stabile Institutionen als Garantie für Demokratie, Rechtsstaatlichkeit, Menschenrechte und dem Schutz von Minderheiten (= politisches Kriterium),
- Funktionierende Marktwirtschaft und die Fähigkeit, dem Wettbewerbsdruck und den Marktkräften innerhalb der Europäischen Union standzuhalten (= wirtschaftliches Kriterium),
- Fähigkeit, alle Pflichten der Gesellschaft, d. h. das gesamte Recht der Europäischen Gemeinschaften, zu übernehmen und das Einverständnis mit den Zielen der Politischen Union sowie mit denen der Wirtschaft- und Währungsunion (= Aquis-Kriterium).“[81]

Bei Beschlüssen mit militärischen und verteidigungspolitischen Bezügen ist nach Artikel 23 Abs. 2 letzer Satz EUV zudem die Abstimmung mit qualifizierter Mehrheit explizit ausgeschlossen. Für Maßnahmen mit militärischem und verteidigungspolitischem Charakter bleibt darüber hinaus eine Kostenübernahme aus dem Gemeinschaftshaushalt gemäß Artikel 28 Abs. 3 EUV untersagt. In diesen beiden vertraglichen Bestimmungen wird deutlich, dass sich die rechtliche Verankerung der ESVP in den Verträgen der EU noch am Anfang befindet. Zwar ist das Bekenntnis zur ESVP mit Zielen und Aufgaben sowie die Eingliederung in die GASP unbestritten, jedoch spiegeln diese zwei Artikel des EU-Vertrages eine starke Zurückhaltung der Mitgliedsstaaten bezüglich der konkreten Ausgestaltung wieder. Die ESVP findet sich zum gegenwärtigen Zeitpunkt mit vielen unbestimmten Formulierungen im EU-Vertrag wieder. Auch der ausdrückliche Verweis auf die besonderen Verpflichtungen einiger Mitgliedsstaaten in der NATO und die Vereinbarkeit der Regelungen zur ESVP mit NATO-Operationen signalisiert eher Rückzug auf weiche Formulierungen, als bestimmte und richtungsweisende Aussagen.

6.3   Zwischenergebnis

Vergleicht man den NATO-Vertrag mit den Bestimmungen zur ESVP wird deutlich, dass von der Herangehensweise und den Zielen durchaus Übereinstimmungen vorliegen. Das Bekenntnis zum Frieden, zur internationalen Zusammenarbeit, zum Rechtsstaat und zur Demokratie ist beiden Verträgen inhärent. Auch der Bezug bzw. die Feststellung der Vereinbarkeit auf bzw. mit der Charta der Vereinten Na-

---

[81] Schley, Nicole u. a., Knaurs Handbuch Europa, München 2004, S. 90. Dabei wird des Übernahme des gemeinschaftlichen Besitzstandes als „aquis communautaire“ bezeichnet.

tionen[82] und deren Grundsätzen ist ein verbindendes Element beider Verträge. Die gemeinsame Berufung auf die Demokratie relativiert sich jedoch bei Berücksichtigung der Beitrittskriterien. So trat beispielsweise die Türkei bereits 1952 der NATO bei und bekannte sich damit zum Prinzip der Demokratie, praktiziert wurde sie allerdings nur eingeschränkt.[83] Die Türkei befindet sich als Bewerberland mit Beitrittsperspektive auf dem Weg in die EU, muss sich allerdings an den Kopenhagen-Kriterien messen lassen, die eine vergleichsweise hohe Eintrittshürde darstellen und konkrete Forderungen an die Erfüllung des Demokratieprinzips stellen.

Der NATO-Vertrag stellt ein abgeschlossenes und seit über 50 Jahren bestehendes Vertragswerk dar, wohingegen der EU-Gründungs-Vertrag erst ca. 10 Jahre Geltungsdauer vorweisen kann. Auch ist der Ansatz bzw. der Grund des Vertragsschlusses ein anderer. Der NATO-Vertrag diente primär dem Schutz der Mitgliedsstaaten vor einem bewaffneten Agressor. Der Angriff gegen einen Staat wird zum Angriff auf die gesamte Allianz. Allerdings, wie oben herausgearbeitet, erstreckt sich der NATO-Vertrag auch auf nichtmilitärische Bereiche. Der EU-Vertrag hatte dagegen bei seiner Unterzeichnung keinen militärischen Hintergrund. Er schuf eine übergeordnete Union mit drei tragenden Säulen (3-Säulen-Modell). Als ein Bestandteil der zweiten Säule, der GASP, kommt die ESVP zum Tragen. Die kollektive Verteidigung, wie im NATO-Vertrag verankert, steht als Kann-Bestimmung im EU-Vertrag und eröffnet damit eine Perspektive, eine mögliche zukünftige Ausgestaltungsvariante.

Auch bezüglich der dargestellten Beitrittshürden sind die Unterschiede erheblich. Genügt bei der NATO die Anerkennung und Förderung der Grundsätze des NATO-Vertrages, der Beitrag zur Sicherheit im nordatlantischen Gebiet sowie eine einstimmige Beschlussfassung, so sind an einen Beitritt zur EU die Erfüllung der Kopenhagen-Kriterien geknüpft, die wirtschaftliche, politische und rechtliche Voraussetzungen für eine potentielle Mitgliedschaft aufstellen.

Eine vergleichbare Formulierung zur kollektiven Verteidigung gemäß Artikel 5 NATO-Vertrag (Beistandsklausel) existiert im EU-Vertrag nicht, zumal die gemeinsame Verteidigung erst eine mögliche Zielvereinbarung des EU-Vertrages darstellt. Allerdings wird mit dem Vertrag über die Verfassung für Europa[84] ein

---

[82]   Aufgabe der Vereinten Nationen ist die Wahrung des Weltfriedens, des Völkerrechts, Wahrung der Menschenrechte und Förderung der internationalen Zusammenarbeit. Die Charta der Vereinten Nation wurde 1945 als völkerrechtlicher Vertrag geschlossen und bildet die Verfassung der VN. Fast alle Staaten der Erde sind bis zum heutigen Tage den VN beigetreten.

[83]   Vgl. Woyke, Wichard, NATO, in: Woyke, Wichard (Hrsg.), Handwörterbuch Internationale Politik, 8. Auflage, Opladen 2000, S. 317

[84]   Vollständiger Verfassungstext, entnommen den Internetinformationen der Europäischen Union: http://europa.eu.int/constitution/de/lstocl_de.htm, eingesehen am 18.01.2006

neuer Weg beschritten. Der im Oktober 2004 von den Staats- und Regierungschefs einstimmig angenommene Vertrag tritt jedoch erst in Kraft, wenn er in allen Mitgliedsstaaten ratifiziert wurde. In Frankreich und den Niederlanden ist der Verfassungsentwurf bereits abgelehnt worden mit der Folge, dass ein Inkrafttreten vor dem Jahr 2007 wenig realistisch erscheint. Losgelöst vom Ratifizierungsverfahren sind zwei Neuerungen im vorliegenden Zusammenhang durchaus relevant. In Artikel I-43 der Verfassung wurde eine Solidaritätsklausel eingeführt, gemäß der, wenn ein Mitgliedstaat von einem Terroranschlag oder einer Katastrophe natürlichen oder menschlichen Ursprungs betroffen ist, die übrigen Mitgliedstaaten Hilfe leisten. Artikel I-41 Abs. 7 der Verfassung führt eine Klausel über die gegenseitige Verteidigung ein. Im Falle eines bewaffneten Angriffs auf das Hoheitsgebiet eines Mitgliedstaates müssen die anderen Mitgliedsstaaten nach Artikel 51 der Charta der Vereinten Nationen alle in ihrer Macht stehende Hilfe und Unterstützung leisten. Diese gegenseitige Beistandspflicht kann als faktische Ablösung des Artikels V WEU-Vertrag interpretiert werden, allerdings bleibt die NATO das Fundament der kollektiven Verteidigung mit der Folge einer vertraglich fixierten Nachrangigkeit der EU zur NATO im Bereich der Verteidigungspolitik.[85] Die in Artikel I-41 Abs. 3 der Verfassung vorgesehene Einrichtung einer Agentur für die Bereiche Entwicklung der Verteidigungsfähigkeiten, Forschung, Beschaffung und Rüstung – Europäische Verteidigungsagentur – wurde bereits im Juli 2004 und damit vor dem Inkrafttreten der Europäischen Verfassung vollzogen.[86]

---

[85] Vgl. Schmalz, Uwe, Die Entwicklung der Europäischen Sicherheits- und Verteidigungspolitik 1990–2004, in: Varwick, Johannes (Hrsg.), Die Beziehungen zwischen NATO und EU, a. a. O., S. 50

[86] Für weitergehende, aktuelle Informationen zu Aufgaben, Organisation, Finanzierung etc. dieser neu eingerichteten Verteidigungsagentur sei auf den ausführlichen Internetauftritt der European Defense Agency unter http://www.eda.eu.int verwiesen.

7. EU und NATO als internationale Organisationen

Nach der Betrachtung und Untersuchung vertraglicher Kernbestimmungen beider Institutionen befasst sich das folgende Kapitel zunächst mit der Einordnung von NATO und EU (insbesondere der ESVP im Rahmen der GASP) in das Gefüge internationaler Organisationen.

Die Unterscheidung in International Governmental Organization (IGO) und International Non-Governmental Organization (INGO)[87] hat als Ergebnis, dass sowohl EU und NATO unter die erste Kategorie, den IGO, zu fassen sind. Zur weiteren analytischen Unterscheidung und Einordnung von internationalen zwischenstaatlichen Organisation bedarf es Kriterien, die eine Zuordnung, gegenseitige Abgrenzung und damit eine Klassifikation ermöglichen. Um den Versuch einer Einordnung und Typologisierung von EU und NATO vorzunehmen, wird diese gemäß nachfolgender Gliederung in Anlehnung an Rittberger / Zangl[88] mittels drei Kriterien vorgenommen:

(1) Mitgliedschaft: partikular vs. universal[89]
Bei beiden Organisationen ist vertraglich, wie in Kapitel 6 bereits ausgeführt, die Aufnahme bzw. der Beitritt neuer Staaten geografisch auf neue europäische Staaten begrenzt. Danach handelt es sich sowohl bei der NATO als auch der EU um Beipiele für partikulare Organisationen.

(2) Zuständigkeit: eng umrissen, problemfeldspezifisch vs. Vielzahl verschiedenartiger Problemfelder, umfassend

Um das Kriterium Zuständigkeit zu prüfen, sind als Gradmesser die vertraglichen Vereinbarungen und Ziele, aber auch die praktizierte Politik in die Betrachtung mit einzubeziehen. Demnach kann bei der Europäischen Union, obwohl geografisch begrenzt, mit den Zielen und Aufgaben im EU-Vertrag und den vielfältigen Aufgaben-

---

[87] Als Beispiel für eine INGO auf europäischer Ebene sei der Europäische Gewerkschaftsbund (EGB) genannt, der einen Zusammenschluss nicht-staatlicher Akteure (non-governmental) zur grenzüberschreitenden Zusammenarbeit darstellt.

[88] Vgl. Rittberger, Volker / Zangl, Bernhard, Internationale Organisation – Politik und Geschichte, 3. Auflage, Opladen 2003, S. 29–32. Dabei werden im Wesentlichen die drei Dimensionen (die vierte Kategorie „Politikprozessfunktion" bleibt außer Betracht) zur analytischen Klassifizierung internationaler Organisationen übernommen und am konkreten Beispiel von EU und NATO durchgeprüft. Für eine andere Unterscheidung und Abgrenzung von IGO: Woyke, Wichard, Internationale Organisationen, in: Woyke, Wichard (Hrsg.), Handwörterbuch Internationale Politik, a. a. O., S. 191–193. Kriterien: zeitlich, räumlich, geschlossen oder offen, politisch oder unpolitisch, Binnen- oder Organisationsstruktur.

[89] Vollständige Universalität, d. h. eine völlig offene Mitgliedschaft stellt dabei eher eine Ausnahme dar. Diese Ausprägung wird sich vielmehr danach richten, dass kein Staat oder Land auf Grund einer Satzung, Vertrag o. ä. dauerhaft von der Mitgliedschaft ausgeschlossen bleibt.

und Betätigungsfeldern (vgl. hierzu zur Verdeutlichung das 3-Säulen-Modell[90]) durchaus eine umfassende Zuständigkeit in den verschiedensten Problemfeldern unterstellt werden. Zwar ist in der Zielsetzung der NATO gemäß Artikel 2 NATO-Vertrag auch, außer der militärischen Komponente, eine nichtmilitärische Dimension (Wirtschaftspolitik, wirtschaftliche Zusammenarbeit) einschlägig. Allerdings handelt es sich hierbei unter Einbeziehung der Praxis um eine begrenzte Zahl von Problem- und Betätigungsfeldern, die vom Sicherheitsaspekt der kollektiven Verteidigung überlagert werden. So sehen Varwick / Woyke[91] zu Recht den Wandel der NATO von einem kollektiven Verteidigungsbündnis zu einer Institution des Sicherheitsmanagements, die sich auch als politischer Berater und Koordinator im Bereich der Außen- und Sicherheitspolitik versteht. Dies ändert aber am eng umrissenen Problemfeld nichts, selbst, wenn die Betätigung der NATO auf den Bereich der Außen- und Sicherheitspolitik ausgeweitet wird. Im Vergleich und um die Dimensionen umfassender Zuständigkeit zu verdeutlichen, gelten als klassisches Beispiel für eine universale und umfassend zuständige Organisation die Vereinten Nationen.[92]

Als Zwischenfazit bleibt festzuhalten, dass es sich bei der NATO um eine problemfeldspezifisch zuständige Organisation handelt, wohingegen die EU als umfassend zuständige Organisation eingeordnet werden kann.

(3) Entscheidungsdelegation: Selbstkoordination vs. Verbundsystem
Um sich der Prüfung des Kriteriums Entscheidungsdelegation inhaltlich zu nähern, bedarf es vorab dem Aufzeigen geeigneter Beurteilungsparameter. Bei einer selbstkoordinierten Organisation erfolgt jede Normsetzung bzw. Normumsetzung im Konsenz aller beteiligten nationalen Ebenen; die Dienstleistung der internationalen Organisationen und ihrer Organe besteht in der Selbstkoordination der nationalen Bürokratien.[93] In Abgrenzung dazu sind im Verbundsystem die Entscheidungsebenen (bzw. deren Organe) hierarchisch übergeordnet und relativ autonom; eine Entscheidungsfindung oder Norm(durch)setzung bedarf nicht zwingend eines Konsens aller Beteiligten. Ein weiteres, hinreichend bestimmtes Indiz für eine Verbund-Organisation ist der Transfer von Entscheidungsmacht in bestimmten Bereichen und damit von nationalstaatlicher Souveränität an supranationale Stellen und Einrichtungen, die im operativen Vollzug auch auf eigene Organe zurückgreifen können.

Unter Berücksichtigung des 3-Säulen-Modells der EU, welches in der ersten Säule die Europäischen Gemeinschaften als supranationale Ebene beinhaltet, kann bei

---

[90] Vgl. Knapp, Manfred / Knell, Gert, Einführung in die Internationale Politik, 4. Auflage, München 2004, S. 212

[91] Vgl. Varwick, Johannes / Woyke, Wichard, Die Zukunft der NATO, a. a. O., S. 31

[92] Vgl. Rittberger, Volker / Zangl, Bernhard, Internationale Organisation, a. a. O., S. 29

[93] Ebenda, S. 31

der EU ein Verbund gemäß der oben aufgeführten Definition unterstellt werden. Im Vergleich dazu findet bei der NATO ein Rechte- und Souveränitätstransfer an das Bündnis nicht statt, die Beschlüsse werden einstimmig gefasst. Somit ist eine Einordnung der NATO gemäß den oben genannten Parametern als selbstkoordinierte Organisation zulässig.[94]

Festzuhalten bleibt, dass die NATO nach durchgeführter Analyse eine partikulare, problemfeldspezifische und selbstkoordinierte internationale Organisation repräsentiert, wohingegen es sich bei der Europäischen Union um eine partikulare, umfassend zuständige und nach dem Verbund-System aufgebaute internationale Organisation handelt.

Nach dieser Klassifizierung wird nachfolgend je Organisation nicht nur auf die Struktur, Art der Entscheidungsfindung und Zusammenarbeit einzugehen sein. Auch einzelne Hauptorgane, Instrumente und deren Wechselwirkungen in der Organisation sind Gegenstand der nachfolgenden Betrachtungen.

7.1 Die Struktur der EU

Um sich der EU als internationale Organisation strukturell weiter zu nähern, bedarf es zunächst der Erläuterung des rechtlichen Gesamtgefüges, d. h. des bereits in den vorangegangenen Kapiteln erwähnten 3-Säulen-Modells[95] der EU. Nach dieser Einordnung und einer kurzen, überblicksartigen Einführung zu Säule 1 und 3 gilt es, die Strukturen und Verfahren der ESVP im Rahmen der GASP in Säule 2 in Kapitel 7.1.2 schwerpunktmäßig näher zu untersuchen.

7.1.1 Das 3-Säulen-Modell

Die Säule 1 der EU – die Europäischen Gemeinschaften – bestehen aus der Europäischen Atomgemeinschaft (EAG), der Europäischen Wirtschaftsgemeinschaft (EWG, jetzt EG) und der Europäischen Gemeinschaft für Kohle und Stahl (EGKS bis zum Jahr 2002), erweitert um die Wirtschafts- und Währungsunion. Der EGKS-Vertrag trat im Juli 1952 in Kraft und wurde für die Dauer von 50 Jahren geschlossen; er endete somit im Juli 2002.[96] Nach der Umbenennung der EWG in die EG

---

94 Weitere Beispiele für selbstkoordinierte Organisationen: OSZE, OPEC / für Verbundsysteme: Internationaler Währungsfonds (IWF).

95 Dabei bildet die Europäische Union das Dach über diesen drei Säulen. Die Einführung erfolgte mit dem Maastrichter Vertrag.

96 Gründungsstaaten waren damals Belgien, Deutschland, Frankreich, Italien, Luxemburg und die Niederlande. Für weiterführende Informationen, insbesondere zur finanziellen Abwicklung, sei

mit dem In-Kraft-Treten des Maastrichter Vertrages wird zudem auch qualitativ der Schritt von einer vormals reinen Wirtschaftsgemeinschaft zu einer politischen Union verdeutlicht. So spiegeln auch die Europäischen Gemeinschaften, wie in Kapitel 7 bereits angedeutet, den am weitesten entwickelten Grad der Vergemeinschaftung und der Integration wieder, die Supranationalität[97]. Gekennzeichnet sind supranationale Strukturen durch Mehrheitsbeschlüsse, unmittelbare Geltung und Anwendung des EG-Rechts (Vorrang vor nationalen Regelungen), unabhängige Organe mit Rechtsetzungsbefugnis, unabhängige und zwingende Gerichtsbarkeit (Europäischer Gerichtshof – EuGH). Als zentrales Element der EG fungiert der Binnenmarkt mit den Grundfreiheiten (freier Warenverkehr, Freizügigkeit der Arbeitnehmer, Niederlassungsfreiheit, Dienstleistungsfreiheit, freier Kapital- und Zahlungsverkehr). Weitere Beispiele für supranationale Politikfelder sind insbesondere die Beschäftigungspolitik, die Steuerpolitik, die Agrarpolitik, die Handelspolitik, die Visa-, Asyl- und Einwanderungspolitik, die Sozial- und Bildungspolitik sowie die Verkehrspolitik.

Die Säule 3 bildet die polizeiliche und justizielle Zusammenarbeit. Gemäß Artikel 29, 30 EUV verfolgt die Union das Ziel, durch gemeinsames Vorgehen der Mitgliedsstaaten Rassismus und Fremdenfeindlichkeit, organisierte und nicht organisierte Kriminalität, insbesondere Terrorismus, Menschenhandel, Straftaten gegenüber Kindern, illegaler Drogen- und Waffenhandel, Bestechung und Bestechlichkeit sowie Betrug zu verhüten und zu bekämpfen. Damit soll dem Unionsbürger ein hohes Maß an Sicherheit in einem Raum der Freiheit, der Sicherheit und des Rechts geboten werden. Eine der ersten Maßnahmen in diesem Bereich war die Einrichtung des seit 1998 operativ tätigen europäischen Polizeiamtes Europol.

Im Teilbereich der Justiz konzentriert sich die innergemeinschaftliche Zusammenarbeit gemäß Artikel 30 EUV auf die Erleichterung und Beschleunigung von Gerichtsverfahren und Entscheidungsvollstreckungen, auf die Erleichterungen von Auslieferungen zwischen den Mitgliedsstaaten, Festlegung von Mindestvorschriften über die Tatbestandsmerkmale strafbarer Handlungen und der Strafen in den Bereichen der organisierten Kriminalität, des Terrorismus und des Drogenhandels. Die Zusammenarbeit der Mitgliedsstaaten in Säule 3 erfolgt zwischenstaatlich (intergouvernemental), d. h. die Beschlüsse haben keine unmittelbare Wirkung; sie bedürfen einer Umsetzung durch Rechtsakte. Allerdings weist die 3. Säule eine Besonderheit auf. So wurde mit dem Maastrichter Vertrag eine Mischform konstruiert, wonach die wesentlichen Kompetenzen auf Grund von Vorbehalten einiger Mitgliedsstaa-

---

auf die Entscheidung des Rates vom 01.02.2003 (2003/76/EG) zur Festlegung der Bestimmungen für die Durchführung des Protokolls zum Vertrag zur Gründung der Europäischen Gemeinschaft über die finanziellen Folgen des Ablaufs der Geltungsdauer des EGKS-Vertrags und über den Forschungsfonds für Kohle und Stahl, veröffentlicht im Amtsblatt Nr. L 029 vom 05/02/2003, S. 0022 – 0024 verwiesen.

[97] Supranational, lat.: überstaatlich, übernational.

ten in die dritte Säule mit intergouvernementalem Charakter integriert wurden und nur vereinzelt, z. B. im Bereich der VISA-Politik (Artikel 100c Maastrichter Vertrag), Befugnisse in Säule 1 geschaffen wurden.[98] Diese Kompetenzüberlagerung zwischen supranationalen und zwischenstaatlichen Elementen hat sich in der Praxis als hinderlich und entscheidungshemmend herausgestellt.

7.1.2 Die Struktur und Organisation der ESVP als Teil der GASP

Zunächst ist die ESVP ein Teil der GASP und damit der zweiten Säule und somit intergouvernemental strukturiert.[99] Die ESVP baut damit unmittelbar auf den Grundlagen der GASP auf. Gemäß Artikel 13 EUV nimmt der Europäische Rat eine übergeordnete Funktion und Schlüsselposition ein, denn er bestimmt die Grundsätze und die allgemeinen Leitlinien der GASP und dies ebenso bei Fragen mit verteidigungspolitischen Bezügen (Leitlinienfunktion). Er setzt sich zusammen aus den Staats- und Regierungschefs der Mitgliedsstaaten.[100] Ein weiterer Akteur ist der Rat der Europäischen Union (Ministerrat), der sich aus Vertretern aller Mitgliedsstaaten auf Ministerebene zusammensetzt und der auf Grundlage der vom Europäischen Rat festgelegten Leitlinien die notwendigen und erforderlichen Entscheidungen – Strategien, Aktionen – trifft. Im halbjährlichen Wechsel übernimmt ein anderer Mitgliedsstaat den Vorsitz in der Europäischen Union und damit u. a. auch im Europäischen Rat und im Ministerrat. Die Durchführung und Umsetzung der im Rahmen der GASP gefassten Beschlüsse, Vertretung der EU in Angelegenheiten der GASP und Impulsgebung gehören zum Aufgabenbereich des Vorsitzenden.[101]

Im Entscheidungssystem der GASP nimmt der Generalsekretär des Rates und Hoher Vertreter für die GASP eine wichtige und koordinierende Rolle ein. Er unterstützt gemäß Artikel 18 Abs. 2, 26 EUV den Vorsitz, insbesondere bei der Formulierung, Vorbereitung und Durchführung politischer Entscheidungen und Beschlüsse. In seinem Verantwortungsbereich liegen zudem die Strategieplanungs- und Frühwarneinheit sowie der Militärstab der EU (EUMS). Mit der im Vertrag von Amsterdam eingerichteten Funktion des Hohen Vertreters wurde bewusst auf die Schaffung eines

---

[98] Vgl. Schumann, Wolfgang, Das Institutionengefüge in der dritten Säule (Zusammenarbeit in der Justiz- und Innenpolitik, ZJIP), entnommen den Internetinformationen des Bildungsservers der UNESCO D@dalos: http://www.dadalos-d.org/europa/grundkurs4/zjip.htm, S. 1 von 5, eingesehen am 28.02.2006

[99] Vgl. Weidenfeld, Werner, Organisation, Institutionalisierung und Fortentwicklung der ESVP, in: Rotte, Ralph / Sprungala, Tanja (Hrsg.), Probleme und Perspektiven der Europäischen Sicherheits- und Verteidigungspolitik (ESVP), Münster 2004, S. 19

[100] Das für die GASP zuständige Gremium ist der Rat für Allgemeine Angelegenheiten und Außenbeziehungen, der sich vorwiegend aus den Außenministern zusammensetzt.

[101] Der in diesem Zusammenhang oftmals verwandte Begriff „Troika" bezeichnet das gemeinsame Auftreten von EU-Vorsitz, Hohem Vertreter und der Europäischen Kommission.

neuen Amtes verzichtet, womit eine Unterordnung unter die Außenminister im Ministerrat bestehen und die Arbeit auf Unterstützungsleistungen beschränkt bleibt.[102] Einige Mitgliedsstaaten befürchteten mit einem weitreichenderen Kompetenztransfer auf den Hohen Vertreter eine Gefahr für das institutionelle Gefüge der GASP.

Die Europäische Kommission als weiterer Akteur kann u. a. auf Ersuchen des Ministerrates geeignete Vorschläge zur GASP (Artikel 14 Abs. 2 EUV), aber auch eigene Vorschläge zur Befassung bzw. Behandlung im Ministerrat (Artikel 22 Abs. 1 EUV) unterbreiten. Der Handlungsspielraum des Europäischen Parlaments, welches mit dem In-Kraft-Treten des Nizza-Vertrages durchaus eine Rollenaufwertung erfuhr, bleibt jedoch letztendlich im Bereich der GASP sehr beschränkt.[103] In der nachfolgenden Abbildung wird der institutionelle Aufbau noch einmal grafisch aufbereitet.

GASP/ESVP nach Nizza

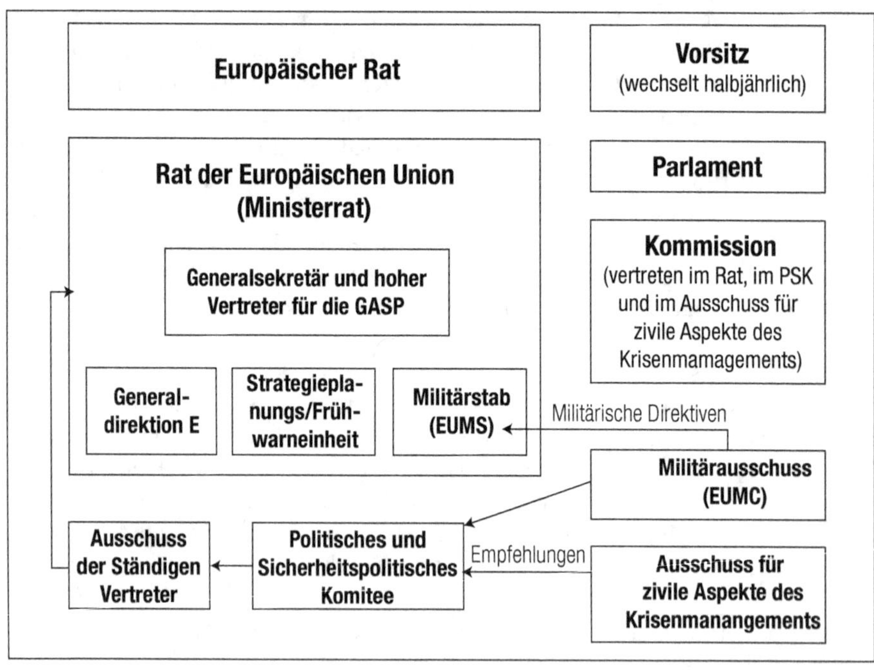

Abbildung 1[104]

---

[102] Vgl. Regelsberger, Elfriede, Die Gemeinsame Außen und Sicherheitspolitik der EU (GASP), 1. Auflage, Baden-Baden 2004, S. 33

[103] Vgl. Weidenfeld, Werner, Organisation, Institutionalisierung und Fortentwicklung der ESVP, a. a. O., S. 21. Kompetenzen des Europäischen Parlaments: Anhörungs- und Unterrichtungsrechte, Empfehlungsgeber, eigene Anfragerechte, Absprache über Fortschritte mit dem Ministerrat.

[104] entnommen aus Schumann, Wolfgang, Das Institutionengefüge in der zweiten Säule: GASP und

Die in Grafik 1 zusätzlich zu den eben behandelten Gremien aufgeführten Institutionen – PSK, EUMC, EUMS – als z. T. neue institutionelle Grundlage der ESVP
sind Gegenstand nachfolgender Betrachtungen. Mit der Aufgabe, sowohl militärische als auch zivile Operationen durchzuführen, wurde die Einrichtung neuer
Gremien und die Änderung bestehender Strukturen mit dem Vertrag von Nizza
notwendig.

Das Politische und Sicherheitspolitische Komitee (im folgenden PSK) befasst sich
mit allen Fragen und Aspekten der GASP / ESVP (Artikel 25 EUV) und setzt sich
aus hohen nationalen Beamten zusammen. Neben Lagebeurteilungen, Analysen und
Beratungen des Rates sowie als Schnittstelle zur NATO soll das PSK die Aufgabe
eines Motors für die weitere Entwicklung der ESVP darstellen.[105] Im Krisenfall
kommt der PSK eine herausgehobene Rolle als strategischer Leiter und politischer
Kontrolleur der Einsätze und Operationen zu. Dabei kann der Generalsekretär und
Hohe Vertreter der GASP dessen Vorsitz übernehmen. Im Gegensatz dazu steht
der Militärausschuss der EU (EUMC, zusammengesetzt aus Generalstabschefs und
Delegierten) und gleichzeitig höchstes militärisches Gremium des Ministerrates
dem PSK und dem Militärstab beratend zur Seite, gibt Direktiven und Empfehlungen und leitet zudem alle militärischen Aktionen im Rahmen der ESVP. Der
bereits erwähnte Militärstab (EUMS) ist dem Generalsekretär und Hohen Vertreter
für die GASP direkt unterstellt und nimmt zum Teil vergleichbare Aufgaben wie
das PSK wahr, z. B. Analyse und Strategieplanung. Darüber hinaus überwacht er
die Ausführung der Petersberg-Aufgaben, arbeitet an der Frühwarnung mit, steht
in ständigem Austausch mit anderen nationalen und internationalen Stäben (z. B.
der NATO) und ist als separate Generaldirektion im Ratssekretariat mit ca. 130
Personen verankert.[106]

Nicht zuletzt stellt der Ausschuss für zivile Aspekte des Krisenmanagements die
nichtmilitärische Komponente der ESVP dar. Als Ergebnis des geänderten und er-
weiterten Sicherheitsbegriffes wird er im Rahmen der Krisenprävention (Peters-
berg-Aufgabe) tätig, richtet Vorschläge und Empfehlungen an das PSK, entwickelt
Planziele und setzt sie um.

ESVP, entnommen den Internetinformationen des Bildungsservers der UNESCO D@dalos: http://
www.dadalos-d.org/europa/grundkurs4/gasp_esvp.htm, S. 3 von 5, eingesehen am 28.02.2006

[105] Vgl. Schumann, Wolfgang, Das Institutionengefüge in der zweiten Säule: GASP und ESVP, a. a.
O., S. 4 von 5

[106] Vgl. Schmalz, Uwe, Die Entwicklung der Europäischen Sicherheits- und Verteidigungspolitik
1990–2004, a. a. O., S. 48

7.2   Struktur und Aufbau der NATO

Nach der zu Beginn dieses Abschnitts durchgeführten Einordnung der NATO in
das Gefüge internationaler Organisationen (partikular, problemfeldspezifisch und
selbstkoordiniert) befasst sich das nachfolgende Kapitel mit Struktur und Aufbau des Bündnisses. Dabei wird eine Unterscheidung zwischen politischer und
militärischer Struktur getroffen. Ziel ist es, die Hauptakteure zu identifizieren und
die Entscheidungsfindung in Grundzügen nachvollziehbar darzustellen.

Übergreifend kann, wie bereits in Kapitel 7 ausgeführt, festgehalten werden, dass
die NATO eine intergouvernementale Organisation darstellt, d. h. die Mitgliedsstaaten geben an das Bündnis keine Souveränitätsrechte ab.[107] Hintergrund dieser Form
zwischenstaatlicher und multilateraler Zusammenarbeit ist die Tatsache, dass die
Sicherheits- und Verteidigungspolitik von den Mitgliedsstaaten als ein Kernbereich
nationaler Souveränität empfunden wird. Ein Kompetenztransfer in diesem Bereich
an eine überstaatliche Organisation stellt einen zu tiefen Eingriff in die Selbstverwaltung des einzelnen Mitgliedsstaates und damit eine unter den derzeitigen Voraussetzungen nicht überwindbare Hürde dar. So liegt in der NATO, im Gegensatz zur
supranationalen Ebene der Europäischen Gemeinschaften, die Entscheidungsfindung
nicht bei übergeordneten Organen, vielmehr ist die einvernehmliche Lösung in allen
Fragen erforderlich (Einstimmigkeitsprinzip). Allerdings bedarf es Organe, in denen
dieser Konsens herbeigeführt wird und die es nun gilt, näher zu untersuchen.

7.2.1   Die politische Struktur der NATO

Gemäß Artikel 9 NATO-Vertrag errichten die Parteien einen Rat, der schnell zu-
sammentreten kann, um Fragen zur Durchführung des Vertrages zu erörtern. Insbesondere sind nach der vertraglichen Vorgabe ein Verteidigungsausschuss für die
Durchführung des Artikels 3 und 5 NATO-Vertrag sowie nachgeordnete Stellen
des Rates, soweit erforderlich, einzurichten. Dieser vorgegebene Rahmen bedarf
der Detaillierung und Umsetzung.

So lässt sich die NATO institutionell in eine militärische und politische Organisation untergliedern. Dabei gehören alle Mitgliedsstaaten zwingend der politischen,
aber nicht zwangsläufig der militärischen Struktur an; auch ist die militärische Organisation der politischen nachgeordnet.[108] Das oberste Organ ist der NATO-Rat,
nochmals untergliedert in den Verteidigungsplanungsausschuss (VPA zu Fragen

---

[107]   Vgl. statt vieler Woyke, Wichard, NATO, a. a. O., S. 318

[108]   Als Beispiel sei Island erwähnt, dass über keine eigenen Streitkräfte verfügt (kein vollständiges
Mitglied der militärischen Organisation), aber einen militärischen Stützpunkt bereitstellt. Vgl.
hierzu Varwick, Johannes / Woyke, Wichard, Die Zukunft der NATO, a. a. O., S. 69

der Verteidigung) und der Nuklearen Planungsgruppe (NPG zu Fragen der Nuklearpolitik). Dabei haben der VPA als auch die NPG in ihren Bereichen faktisch die gleichen Befugnisse wie der Rat. Zudem hat der NATO-Rat zahlreiche nachgeordnete zivile und militärische Ausschüsse gebildet, welche die vorbereitenden Arbeiten auf den verschiedenen Ebenen gemäß seiner Weisung vornehmen.[109]

Der von den Regierungen der Mitgliedsstaaten im Konsens gewählte Generalsekretär steht dem Internationalen Stab (IS) vor, welcher dass Exekutivorgan der NATO bildet, ebenso wie dem VPA, der NPG und anderen hochrangigen NATO-Ausschüssen. Ihm obliegt „die Förderung und Lenkung des Konsultations- und Entscheidungsfindungsprozesses im Bündnis"[110]. Der internationale Stab, bestehend aus dem Büro des Generalsekretärs und sechs Fachabteilungen, wirkt als beratendes und unterstützendes Organ an der Arbeit des NATO-Rates und seiner Ausschüsse mit.

7.2.2 Die militärische Struktur der NATO

Die militärische Komponente der NATO wird maßgeblich durch den Militärausschuss (Military Committee – MC), dem höchsten militärischen Organ der Allianz, geprägt. Der beratende Ausschuss untersteht dem NATO-Rat, der NPG und dem VPA und setzt sich aus den Staabschefs der Mitgliedsstaaten zusammen. Aufgabe des Militärausschusses ist die Ausarbeitung und Empfehlung von Maßnahmen für die gemeinsame Verteidigung des NATO-Gebiets. Der Internationale Militärstab (IMS) ist die vergleichbare Unterstützungsinstanz für den Internationalen Stab nur auf militärischer Ebene. Der IMS berät den Militärausschuss, erarbeitet und trägt Pläne vor, führt Untersuchungen durch und gibt Empfehlungen zu militärischen Belangen und Fragen, welche den verschiedenen Gremien der NATO vorgelegt werden.[111]

Das einzige operative Kommando auf militärischer Ebene der NATO bildet das Allied Command Operations (ACO) mit Sitz in Belgien, Mons, welches sich in zwei Führungskommandos, den Joint Force Commands – Brunssum (NL) und Neapel – unterteilt.[112] Unterhalb dieser Joint Force Commands existieren Joint Force Com-

---

[109] Z. B. Politischer Ausschuss, Infrastrukturausschuss, NATO-Logistik-Konferenz, Hochrangige Politisch-Militärische Gruppe für Proliferation. Für weitergehende ausführliche Information zu den Ausschüssen und ihren Aufgaben vgl. o. V., NATO-Handbuch, a. a. O., S. 311 ff.
[110] O. V., NATO-Handbuch, a. a. O., S. 248
[111] Vgl. Varwick, Johannes / Woyke, Wichard, Die Zukunft der NATO, a. a. O., S. 79
[112] Vgl. Civilian & Military Structures, updated 03. März 2006, entnommen den Internetinformationen der NATO: http://www.nato.int/structur/structure.htm#CS, S. 2 von 4, eingesehen am 04.03.2006

ponent Commands, welche in den klassischen Streitkräftegattungen Heer, Marine und Luftwaffe die operative Führung unterstützen. Die bisherige Struktur, wonach sich der Militärausschuss in zwei Strategische Kommandobehörden, dem Obersten Alliierten Befehlshaber Europa und dem Obersten Alliierten Befehlshaber Atlantik sowie der regionalen Planungsgruppe Kanada – USA aufsplittete, wurde zu Gunsten einer gestrafften Organisation aufgegeben. In der Vergangenheit existierte zudem noch eine dritte Kommandoebene, der Oberste Alliierte Befehlshaber Ärmelkanal.

Ausdruck des Wandels in der Allianz ist die Einrichtung der Allied Command Transformation (ACT), die sich mit der Transformation bzw. der Anpassung, Weiterentwicklung und Modernisierung der NATO schwerpunktmäßig befasst. Die oben bereits erwähnte regionale Planungsgruppe Kanada – USA ist dabei ebenso der ACT zuzuordnen, als auch die NATO-Schule in Oberammergau, das Zentrum für Ausbildung in der Einsatzführung, Joint Warfare Centre und das Joint Force Trainings Centre.[113]

7.3   Zwischenergebnis

Die Klassifizierung der NATO als partikulare, problemfeldspezifische und selbstkoordinierte internationale Organisation und der EU als partikulare, umfassend zuständige und im Verbundsystem aufgebaute internationale Organisation lässt folgende Schlussfolgerungen zu. In ihrer originären Zuständigkeit und dem Grad der Entscheidungsdelegation gibt es, wie oben dargelegt, Unterschiede, sogar Gegensätze. Das Kriterium Mitgliedschaft bildet aber eine Gemeinsamkeit beider Organisationen. Wird dieses Ergebnis in zukünftige Erweiterungsrunden beider Institutionen mit einbezogen, fällt auf, dass EU und NATO identisch denselben potenziellen Bewerberkreis ansprechen: beitrittswillige, europäische Staaten.

Der Grad der Entscheidungsdelegation bei direktem Vergleich von GASP / ESVP und der NATO führt zum Ergebnis, dass beide Teile intergouvernemental zusammenarbeiten. Grund hierfür ist der Eingriff in Kernkompetenzen – Außen- und Sicherheitspolitik – souveräner Staaten, der einen Kompetenztransfer an überstaatliche Organe sehr erschwert und unter den derzeitigen politischen Strategien verhindert. Auch führt der Vergleich der Organisationsstruktur beider Institutionen übereinstimmend zu einer grundsätzlichen Trennung in politisch – zivile Organe und militärische Elemente. Ohne detailliert auf die unterschiedlich starken Ausprägungen dieser beiden Strukturelemente bei EU und NATO einzugehen, bleibt jedoch folgendes festzuhalten: Der bereits mit der historischen Entwicklung und

---

[113]   Vgl. Civilian & Military Structures, a. a. O., S. 3 von 4

54

den Kernbestimmungen der Grundlagenverträge aufgezeigte Entwicklungstrend wird durch den Vergleich und die Untersuchung des strukturellen Aufbaus weiter gestützt. Die NATO entwickelt sich von einem überwiegend militärisch geprägten Bündnis zunehmend zu einem auch außenpolitisch tätigen Akteur. Beleg hierfür ist die starke politische Rolle des NATO-Rates mit seinen vielen nachgeordneten Ausschüssen ziviler Art. Die Europäische Union stärkt dagegen insbesondere im Bereich der Sicherheitspolitik ihr Profil und ihren Anspruch, sich als ernstzunehmender globaler Akteur in diesem Bereich zu etablieren. Die zum Teil neu geschaffenen Gremien, z. B. Militärstab und -ausschuss, Politisches und Sicherheitspolitisches Komitee, unterstreichen diesen Anspruch.

8. Die Europäische Sicherheitsstrategie (ESS)

Gegenstand nachfolgender Untersuchung ist die im Dezember 2003 vom Europäischen Rat angenommene Europäische Sicherheitsstrategie (ESS)[114] mit dem Titel „Ein sicheres Europa in einer besseren Welt". Dabei wird die Analyse im Ergebnis zeigen, ob die ESS für die EU einen sicherheits- und außenpolitischen Quantensprung darstellt oder ob die Formulierungen eher von Unverbindlichkeit und Unentschlossenheit zeugen. Zudem wird die Frage geklärt, ob die Beziehungen von EU zur NATO mit der ESS auf ein neues Fundament gestellt wurden. Dabei wurde die Struktur dieses Kapitels der Gliederung der ESS in ihren Grundzügen angepasst, um einen Bruch in der Argumentation zu vermeiden. In den nachfolgenden Kapiteln 8.1 und 8.2 werden die wesentlichen Inhalte und Aussagen der ESS komprimiert dargestellt und überblicksartig aufbereitet, ohne detailliert auf jede Passage im Text der ESS Bezug zu nehmen. Diese Darstellung ist Voraussetzung für die Beurteilung und Beantwortung der Fragestellung in Kapitel 8.3 und der kritischen Würdigung der ESS im Zwischenergebnis.

8.1 Konkretisierung der Bedrohungsanalyse und erweiterter Sicherheitsbegriff

Das Ende des Kalten Krieges, der Konflikt in Jugoslawien und auch die Anschläge vom 11.09.2001 unterstrichen die zunehmende Bedeutung einer gemeinsamen europäischen Sicherheits- und Verteidigungspolitik und bedeuteten einschneidende Veränderungen im Sicherheitsumfeld. Um diesen neuen Herausforderungen zu begegnen, ist ein Grundkonsens in der Europäischen Union über strategische Ziele, das neue Sicherheitsumfeld und deren Auswirkungen notwendig. In diesen Punkten findet die ESS ihre Berechtigung und ihren Ansatz. So wurde der Generalsekretär und Hohe Vertreter der GASP, Javier Solana, im Mai 2003 beauftragt, eine Europäische Sicherheitsstrategie für Europa zu entwerfen, um anhand einer einheitlichen Lagebeurteilung und Bedrohungsanalyse die Weiterentwicklung der ESVP in der GASP voranzutreiben.[115] Anlass hierfür war der Krieg im Irak, der in Europa einen tiefen Spalt hinterließ. Als es darum ging, Position zu beziehen, zeigte sich die Uneinigkeit Europas und damit die Grenze der bis dahin praktizierten GASP. In Ermangelung supranationaler Organe war eine Konsensentscheidung erforderlich, welche nicht vorlag. Der ESS kommt damit u. a. die Aufgabe zu, bestehende Unstimmigkeiten schrittweise zu reduzieren und das Besinnen auf gemeinsame Interessen und Ziele zu fördern.

---

[114] Vgl. Europäische Sicherheitsstrategie, a. a. O., S. 1 – 14

[115] Vgl. Reiter, Erich, Die Sicherheitsstrategie der EU, Aus Politik und Zeitgeschichte, B3-4/2004, Bundeszentrale für politische Bildung, Bonn 2004, S. 26

In der Einleitung zur ESS wird der Europäischen Union nach der Erweiterung auf 25 Mitgliedsstaaten und damit dem Erwirtschaften von ¼ des weltweiten Bruttosozialprodukts zwangsläufig der Status eines globalen wirtschaftlichen Akteurs zugewiesen, der auch Verantwortung für die globale Sicherheit zu übernehmen hat. Zudem wird den USA ihre militärische Dominanz bestätigt, aber gleichzeitig auch die Fähigkeit aberkannt und damit auch jedem anderen Staat, die komplexen Probleme – militärisch – im Alleingang zu lösen. Diese Aussage verstärkt noch einmal die grundsätzlichen Unabhängigkeitsbestrebungen der EU, insbesondere im Bereich der Außen- und Sicherheitspolitik und die neue Rolle als globaler Akteur. Sie spiegelt aber auch den multilateralen Ansatz der ESS wieder.

Die ESS gliedert sich nach der Einführung in die nachfolgend aufgeführten drei Teile, die als Leitlinie und Handlungskonzept für die Weiterentwicklung und Integration der europäischen Sicherheitspolitik dienen sollen:

• Das Sicherheitsumfeld: Globale Herausforderungen und Hauptbedrohungen
• Strategische Ziele
• Auswirkungen auf die Europäische Union

Die Analyse des durch Öffnung der Grenzen und Globalisierung entstandenen veränderten Sicherheitsumfeldes führt als Ergebnis für Europa einerseits zu einer verstärkten Abhängigkeit von vernetzten Infrastrukturen. Andererseits bilden Kriege, Flüchtlingsströme, Armut und Krankheiten, z. B. Aids und Hunger globale Bedrohungen, aber auch globale Herausforderungen. Sicherheitsrelevant sind in diesem Zusammenhang ebenfalls der Klimawandel und die Energieabhängigkeit und damit verknüpft, der Kampf um Rohstoffe. Die ESS beschreibt damit zusammengefasst keineswegs neue Bedrohungen und Probleme. Vielmehr wird der klassische Sicherheitsbegriff, obwohl im gesamten Text der ESS nie explizit erwähnt, sukzessive erweitert. Ökologische, gesellschaftliche und wirtschaftliche Aspekte prägen neben militärischen Gesichtspunkten das neue Sicherheitsumfeld. Dabei belassen es die Verfasser der ESS jedoch bei der Darstellung des Konfliktpotenzials, eine weitergehende Auseinandersetzung, z. B. zum Anteil europäischer Politik an diesen Bedrohungen und Konflikten, unterbleibt. Die Beziehung Sicherheit – Entwicklung wird in der ESS dahingehend aufgelöst, dass Sicherheit als eine Vorbedingung für Entwicklung gilt.

Zum einen werden größere Angriffe gegen Mitgliedsstaaten immer unwahrscheinlicher. Zum anderen existieren neue verschiedenartige Bedrohungen, die weniger sichtbar und unvorhersehbar sind. Als Hauptbedrohungen gelten gemäß Kapitel 1 der ESS Terrorismus, Proliferation, regionale Konflikte, das Scheitern von Staaten und organisierte Kriminalität. So greift die Sicherheitsstrategie das in Kapitel 4.2 aufgezeigte Sicherheitsdilemma nach dem Kalten Krieg auf und präzisiert es. Als

Ursache des Terrorismus werden „der Modernisierungsdruck, kulturelle, soziale und politische Krisen sowie die Entfremdung der in der Gesellschaft lebenden jungen Menschen"[116] angeführt. Europa ist ein Ziel, aber auch eine Basis des Terrorismus und wird so zum gemeinsamen Handeln gegen diese zunehmende strategische Bedrohung gezwungen.

Als potenziell größte Bedrohung der europäischen Sicherheit gilt die Verbreitung von Massenvernichtungswaffen[117]. Ein sich abzeichnendes Wettrüsten in diesem Bereich, insbesondere im Nahen Osten und die Verbreitung von Raketentechnologie sind eine ernstzunehmende Gefahr für Europa. Käme beispielsweise eine terroristische Vereinigung wie Al Qaida als nicht-staatlicher Akteur in den Besitz von Massenvernichtungswaffen, wären die Ausmaße des anzurichtenden Schadens unvorstellbar. Bereits im Dezember 2003 verabschiedete daher die Europäische Union ein eigenes und zusammenfassendes Strategiepapier gegen die Weiterverbreitung von Massenvernichtungswaffen, das mit einer Erklärung zur Proliferation bereits auf dem Gipfel von Thessaloniki eingeleitet und vorgestellt wurde.[118]

Auch weit entfernte regionale Konflikte, z. B. der Kaschmirkonflikt oder die Afrikanische Region der Großen Seen, haben direkte und indirekte Auswirkungen auf europäische Interessen und europäische Sicherheit. So existieren auch an den Außengrenzen der EU näher gelegene Konfliktherde, welche Extremismus, Terrorismus und den Zusammenbruch und das Scheitern von Staaten hervorrufen können und damit die regionale Stabilität in Europa bedrohen. Als Beispiele für gescheiterte Staaten, unter anderem auf Grund von Korruption, Machtmissbrauch, schlechter Staatsführung, können gemäß der ESS Liberia, Somalia und Afghanistan unter den Taliban aufgeführt werden.

Europa ist aber auch prioritäres Ziel der letzten Hauptbedrohung, der organisierten Kriminalität. Grenzüberschreitender Waffen-, Drogen- und Frauenhandel, zum Teil mit Verbindungen zu terroristischen Netzwerken bedrohen die Sicherheit Europas und schwächen die Staatensysteme von innen.

Zusammenfassend kann festgehalten werden, dass diese Bedrohungen nicht nur für sich genommen, sondern auch in ihrer Abhängigkeit untereinander die Herausforderung für die EU darstellen. Auch die Summierung verschiedener Elemente von Terrorismus, Proliferation, organisierter Kriminalität und dem Scheitern von Staaten bedeutet für Europa eine ernsthafte und nicht zu unterschätzende Bedrohung.

---

[116] Europäische Sicherheitsstrategie, a. a. O., S. 3
[117] Massenvernichtungswaffen oder auch CBRN-Waffen: Chemical, Biological, Radiological, Nuclear.
[118] Vgl. Neuneck, Götz, Die Proliferation von Massenvernichtungswaffen als Herausforderung für die EU in: Ehrhart, Hans-Georg / Schmitt, Burkard (Hrsg.), Die Sicherheitspolitik der EU im Werden, 1. Auflage, Baden-Baden 2004, S. 32

58

8.2 Strategische Ziele und Auswirkungen auf die Europäische Politik

Im zweiten Kapitel der ESS werden drei strategische Ziele der Europäischen Union vorgestellt und bestimmt. Zentraler Kern der Argumentation ist die Aussage, dass die Welt in der jetzigen Form ungeahnte Zukunftschancen bietet, aber auch größere Risiken und Bedrohungen in sich birgt.

Die Abwehr von Bedrohungen als ein erklärtes strategisches Ziel der EU ist im Zusammenhang mit der in Kapitel 1 der ESS dargestellten Bedrohungsanalyse und den Hauptgefahren zu würdigen. Auf bereits getroffene Maßnahmen zur Bekämpfung des Terrorismus und als Reaktion auf die Anschläge vom 11.09.2001 wird in der ESS ebenso verwiesen, wie auf Mechanismen und unternommene Anstrengungen zur Nichtverbreitung von Massenvernichtungswaffen, zur Beilegung regionaler Konflikte, zur Hilfestellung für gescheiterte Staaten und zum Vorgehen gegen organisierte Kriminalität.[119] Durch die Globalisierung stellen zudem die Atomproblematik in Nordkorea und die Proliferation im Nahen Osten in ihrer Bedeutung vergleichbare Bedrohungen dar, obwohl sie von unterschiedlich weit entfernten Regionen der Welt ausgehen. Ein regional begrenztes und auf staatliche Akteure beschränkbares Bedrohungsszenario ist somit nicht mehr existent. Die ESS greift das in Kapitel 4.2.1 bereits verdeutlichte Sicherheitsdilemma nach Beendigung des Kalten Krieges erneut auf. Die Gefahr einer Invasion als Grundstrategie des Konzeptes der Selbstverteidigung während des Ost-West-Konfliktes ist einer dynamischen Bedrohung gewichen, deren Verteidigung in erster Linie bereits im Ausland beginnen wird. Präventivmaßnahmen, bereits vor Ausbruch einer Krise, haben für die EU oberste Priorität. Ein weiterer Kerngedanke der Sicherheitsstrategie ist die Feststellung, dass eine Reaktion auf die dargestellten Bedrohungen nicht nur mit rein militärischen Mitteln erfolgen kann. Vielmehr ist eine Kombination aus politischen, wirtschaftlichen, diplomatischen, humanitären, justiziellen, aber auch militärischen Mitteln notwendig, um angemessen auf Bedrohungen zu reagieren.

Das zweite strategische Ziel der ESS ist die Stärkung der Sicherheit in unserer Nachbarschaft. Die mit der Ost-Erweiterung der EU zwingend einhergehende geografische Ausdehnung des Unionsgebietes mit der Folge einer größeren Nähe zu Krisengebieten darf nicht zu Trennlinien an den neuen Grenzen führen. Der Mittelmeerraum und die Bereiche östlich der Unionsgrenzen sollen durch enge Zusammenarbeit mit der EU in den Bereichen der Wirtschaft und Politik, in ihren Bestre-

---

[119] Der internationale Haftbefehl und der Abschluss eines Rechtshilfeabkommens mit den USA sind erste konkrete Maßnahmen im Kampf gegen den Terrorismus. Aufbauhilfe wurde für die als gescheitert geltenden Staatsführungen in Afghanistan und auf dem Balkan geleistet. Im Rahmen der Proliferation wurden sowohl die Ausfuhrkontrollen als auch die Regelungen und Kontrollbestimmungen in den gegenständlichen Verträgen verschärft.

bungen zu wirtschaftlichem Aufschwung und bei der Lösung regionaler, sozialer und politischer Probleme unterstützt werden. Nur mit erzielten und nachweisbaren Erfolgen kann die GASP international Anerkennung und Glaubwürdigkeit erhalten. Ein wichtiges Instrument zur Erreichung dieser Ziele stellt die Beitrittsoption dar, denn „die europäische Perspektive ist ein strategisches Ziel und zugleich Anreiz für Reformen."[120] Die Probleme im Nahen Osten, insbesondere die Lösung des israelisch-arabischen Konflikts, haben allerdings strategische Priorität.

Eine Weltordnung auf der Grundlage eines wirksamen Multilateralismus stellt das dritte strategische Ziel dar. Sicherheit und Wohlstand hängen von dem Funktionieren dieser Weltordnung ab. Dabei bildet die Charta der Vereinten Nationen, die in den vertraglichen Grundlagen sowohl der EU als auch der NATO schriftlich verankert ist, den Rahmen internationaler Beziehungen. Zur Stärkung der internationalen Ordnung und des Multilateralismus sind Schlüsselinstitutionen wie die Welthandelsorganisation (WTO) oder die NATO die tragenden Elemente und leisten einen wichtigen Beitrag zur Aufrechterhaltung dieses Systems.

Das dritte Kapitel der ESS befasst sich mit den Auswirkungen auf die Europäische Politik. Zunächst wird in der ESS festgestellt, das die EU im Bereich der Außenpolitik und Krisenbewältigung Fortschritte erzielte und über wirksame Instrumente verfüge. Dies konnte sie vor allem in der Balkanregion unter Beweis stellen. Zugleich wird die Bedeutung präventiven Handelns mit einer zu entwickelnden Strategiekultur, die ein frühzeitiges und rasches Eingreifen fördert, noch einmal unterstrichen. Nach Abschluss der Ost-Erweiterung sollte die EU zudem in der Lage sein, auch mehrere Operationen mit dem Einsatz militärischer als auch ziviler Kräfte gleichzeitig durchzuführen. Nur diese Kombination kann das breite Einsatzspektrum sicherstellen.

Das in Kapitel 3 aufgeführte Ziel, mehr Handlungsfähigkeit der Union im Krisenfall zu erreichen, soll entsprechend der ESS mit verschiedenen Maßnahmen erreicht werden. Zunächst sind eine Aufstockung und effizientere Verwendung der finanziellen Mittel, verstärkte Diplomatiebemühungen, die Einrichtung einer Rüstungsagentur[121] und der Ausbau der Fähigkeiten in verschiedenen zivilen und militärischen Bereichen beabsichtigt. Weiterhin ist in der ESS (Kapitel 3) die Forderung nach mehr Kohärenz in der GASP verankert. Die EU-Mitglieder sollen intensiver zusammenarbeiten, eine eigene Struktur und Logistik schaffen und die verschiedenen vorhandenen Fähigkeiten und Instrumente bündeln. Schwerpunkt bildet dabei die Umrüstung und Umgestaltung der Streitkräfte zu flexiblen und mobilen Einsatzkräften im Rahmen des in Helsinki beschlossenen EU Headline Goal.

---

[120] Europäische Sicherheitsstrategie, a. a. O., S. 8. mit ergänzendem Verweis auf die Kopenhagen-Kriterien (Anmerkung des Autors).

[121] Vgl. Ausführungen in Kapitel 6.3. Die Europäische Verteidigungsagentur wurde bereits im Juli 2004, noch vor dem Inkrafttreten der Verfassung für Europa eingerichtet.

Diese beschriebene, aktive Rolle mit mehr Handlungsfreiheit kann als weiterer Beleg für den Anspruch der EU gelten, zukünftig als globaler wirtschaftlicher Akteur gleichzeitig auch sicherheitspolitisch eine umfassende und ernstzunehmende Rolle zu spielen. Auf die Zusammenarbeit mit den Partnern, insbesondere das Verhältnis EU – NATO wird im folgenden Abschnitt vertieft eingegangen.

8.3   Neue strategische Partnerschaft zwischen NATO und EU?

Ob die Beziehungen von EU zur NATO mit der ESS auf ein neues Fundament gestellt wurden, ist Gegenstand nachfolgender Ausführungen. So wird in verschiedenen Textpassagen der ESS Bezug auf die Beziehungen der EU zur NATO und deren Ausprägung genommen. Diese gilt es, kurz darzustellen und anschließend im Hinblick auf die Grundfrage des Kapitels zu untersuchen.

Bereits in der Einleitung der ESS wird auf den Beitrag der NATO, insbesondere der USA, zum europäischen Einigungsprozess und zur Sicherheit Europas verwiesen. Im Rahmen der Stärkung der Nachbarschaft als strategisches Ziel der EU führte die Zusammenarbeit von EU, USA, Russland und der NATO, zum Beispiel in der Balkanregion, im Ergebnis zu einer stabileren und sicheren Region. Dabei kommt dem Partner NATO im Rahmen der transatlantischen Beziehungen als tragendes und stärkendes Element der internationalen Gemeinschaft besondere Bedeutung zu. Die Dauervereinbarungen zwischen NATO und EU[122], insbesondere Berlin-Plus, sind der Rahmen für eine strategische Partnerschaft bei der Krisenbewältigung und führen zudem zu einer Verbesserung der Einsatzfähigkeit der EU. Darüber hinaus wird die gemeinsame Entschlossenheit bekräftigt, die Herausforderungen des neuen Jahrhunderts anzugehen. Bei den Hauptbedrohungen handelt es sich aus Sicht der EU um gemeinsame Bedrohungen, die nur in multilateraler Zusammenarbeit mit den Partnern der EU bewältigt werden können. Die transatlantischen Beziehungen werden als einzigartig und unersetzlich mit dem Ziel einer gleichwertigen und ausgewogenen Partnerschaft bezeichnet. Der Bezug auf die Zusammenarbeit zwischen EU und USA und der Darstellung der Kräfte, welche durch diese Partnerschaft zum Wohle der Welt eingesetzt werden können, stellt dabei keinen Widerspruch oder eine Aushöhlung der Partnerschaft zur NATO dar. Das Ziel des gemeinsamen Handelns führt zumindest im Rahmen der Sicherheits- und Verteidigungspolitik zu keiner neuen Konstellation, da die USA als Mitglied der NATO im Rahmen des Bündnisses bereits einen großen Beitrag zur Europäischen Sicherheit geleistet hat.[123] Die Betonung der unersetzlichen Beziehungen von EU und USA kann vielmehr als weiterer Bezug auf die Intensivierung der Beziehungen

---

[122] Erwähnt im Kapitel 3 der ESS: Auswirkungen auf die europäische Politik.
[123] Vgl. hierzu die o. a. Aussagen in der Einleitung der ESS.

zwischen EU und NATO bei der Zusammenarbeit zur Bewältigung der gemeinsamen Bedrohungen interpretiert werden.

Unter Berücksichtigung der aufgezeigten Kernaussagen der ESS zu den Beziehungen zwischen NATO und EU wird deutlich, dass die transatlantischen Beziehungen eine herausgehobene Bedeutung besitzen und einen unentbehrlichen Bestandteil der Entwicklung der EU zu einem globalen sicherheitspolitischen Akteur darstellen. Zwar will die EU durchaus mit eigenen Mitteln und Kapazitäten im Rahmen einer größeren eigenständigen Handlungsfähigkeit sicherheitspolitisch aktiver werden, allerdings soll dies nicht zu einem Konkurrenzverhältnis zur NATO oder der USA führen. Der explizite Verweis auf die Berlin-Plus-Vereinbarungen, welche der EU gesicherten Zugriff auf NATO-Planungskapazitäten ermöglichen soll, unterstreicht diesen Ansatz. Die ESS geht bei dieser Vereinbarung jedoch nicht von einer zeitlich befristeten Regelung aus, welche die EU in Zukunft in die Lage versetzen soll, allein im Rahmen der Krisenbewältigung tätig zu werden. Vielmehr wird durch den Verweis auf die Verbesserung der eigenen Einsatzfähigkeit der EU durch Berlin-Plus und der Betonung, dass diese Rückgriffsmöglichkeit auf NATO-Mittel den Rahmen für gemeinsame Operationen bei der Krisenbewältigung darstellt, die strategischen Partnerschaft in den Vordergrund gerückt. Dies entspricht einerseits dem multilateralen Anspruch der ESS als strategisches Ziel. Andererseits bezieht sich der in Kapitel 3 der Sicherheitsstrategie aufgeführte Rückgriff auf zusammengelegte und gemeinsam genutzte Mittel, die Bündelung von Ressourcen und die Forderung nach der Verringerung von Duplizierungen gerade nicht nur auf die EU-Mitgliedsstaaten und ihre Kapazitäten, sondern auch auf die NATO. Ein exklusiver Bezug nur auf die EU-Beitrittsländer würde dem ergänzenden Ansatz der Nutzung von militärischen und zivilen Fähigkeiten, welcher als Leitmotiv oder roter Faden der ESS dienen kann, zur Lösung der globalen Herausforderungen und Hauptbedrohungen widersprechen. Auch die vorweisbaren Erfolge in der Balkanregion als Ergebnis der Zusammenarbeit zwischen EU und NATO deuten auf eine Fortsetzung und eine Verstärkung der Kooperation hin. Gerade diese Erfolge gelten gemäß den Ausführungen der ESS zum Ziel der Stärkung der Sicherheit in der Nachbarschaft als Gradmesser für die Glaubwürdigkeit der ESVP der EU.

In diesem Zusammenhang kann der Aussage, mit der Europäischen Sicherheitsstrategie bleibt das Verhältnis zwischen EU und NATO unklar, in Konsequenz nicht gefolgt werden.[124] Zwar bleiben Detailfragen zur Ausgestaltung der Aufgabenver-

---

[124] Vgl. für diese Meinung Hesse, Markus, Die Europäische Sicherheitsstrategie, aktualisiert am 31. Oktober 2005, entnommen den Internetinformationen der Deutschen Gesellschaft für Auswärtige Politik e. V.: http://www.weltpolitik.net/Sachgebiete/Internationale%20Sicherheitspolitik/GASP/Grundlagen/Die%20Europ%E4ische%20Sicherheitsstrategie.html, S. 3 von 4, eingesehen am 01.03.2006.

teilung zwischen NATO und EU und der Abgrenzung des geografischen Einsatzgebietes beider Organisationen offen bzw. unberücksichtigt.[125] Jedoch schafft die ESS die Betätigungsgrundlage für beide Organisationen im Wege einer strategischen Partnerschaft nach dem Grundsatz, dass bereits bei der NATO vorhandene Kapazitäten genutzt und nicht von der EU dupliziert werden. Diese Kernaussage der ergänzenden und strategisch ausgerichteten zukünftigen Partnerschaft ist weder in den vertraglichen Grundlagen beider Organisationen noch in außervertraglichen Vereinbarungen und Beschlüssen in dieser Direktheit festgelegt.[126] Daher kann die ESS in diesem Punkt als Meilenstein in der Entwicklung der Beziehungen zwischen EU und NATO betrachtet werden.

8.4   Zwischenergebnis

Im Ergebnis kann festgehalten werden, dass die ESS einen Paradigmenwechsel in der EU-Sicherheitspolitik einleitete, da sich die EU entsprechend ihren Fähigkeiten und ihrem Potenzial nun als globaler Akteur, der Verantwortung für die globale Sicherheit übernehmen will, versteht.[127] Die wichtige Bedeutung erlangt die ESS mit der Festlegung der EU und ihrer Mitgliedsstaaten auf ein gemeinsames Konzept und einen gemeinsamen Standpunkt zur europäischen Sicherheitspolitik, zu einem gemeinsam abgestimmten Bedrohungsszenario und der notwendig gewordenen Erweiterung des Sicherheitsbegriffes. Mit den neuen Dimensionen des Sicherheitsbegriffes greift die ESS die in Kapitel 4 begonnene Argumentation auf und konkretisiert bzw. vervollständigt diese. So sieht auch Hesse[128] den historischen Wert der Strategie als erstes Dokument der europäischen Sicherheitspolitik dieser Art. Es demonstriert einerseits die Einigkeit der EU in Sicherheitsfragen und verdeutlicht andererseits den Willen, den neuen Herausforderungen und Bedrohungen zu begegnen und sich mit ihnen auseinanderzusetzen. Maßgeblich für alle Maßnahmen, Operationen und Aktionen ist dabei der multilaterale Ansatz, dass kein Land allein die komplexen Probleme und Bedrohungen lösen kann. Die EU greift bei der Problemlösung sowohl auf zivile Mittel zur Krisenprävention[129], als auch auf militärische Komponenten zurück.

---

[125] Für den Kritikpunkt der fehlenden Darstellung der zukünftigen Aufgabenverteilung zwischen EU und NATO vgl. auch Reiter, Erich, Die Sicherheitsstrategie der EU, a. a. O., S. 30

[126] Der britisch-französische Gipfel von St. Malo 1998 hatte in seiner Schlusserklärung ein im Wesentlichen vergleichbares Ergebnis wie die ESS bezüglich dem Verhältnis von EU und NATO. Allerdings stellte dies zum damaligen Zeitpunkt eine Forderung bzw. einen Impuls zur Konkretisierung der ESVP dar. Auch sind die Ergebnisse eines bilateralen Gipfels in ihrer Bedeutung und Wertigkeit nicht mit einem vom Europäischen Rat verabschiedeten Strategiepapier vergleichbar.

[127] Vgl. Reiter, Erich, Die Sicherheitsstrategie der EU, a. a. O., S. 29

[128] Vgl. Hesse, Markus, Die Europäische Sicherheitsstrategie, a. a. O., S. 3 von 4

[129] Z. B. wirtschaftliche, diplomatische Instrumente.

Der ESS stellt dabei ein Novum und zugleich einen Fortschritt in der gemeinsamen europäischen Sicherheitspolitik dar. Allerdings verfehlt die Einordnung der ESS als außen- und sicherheitspolitischer Quantensprung der EU den Anspruch und die Bedeutung der Strategie. Denn das Strategiepapier weist auch Lücken in der Argumentation, Mängel und Ungenauigkeiten auf. Kritikpunkte sind z. B. die fehlenden Kriterien für das zivile oder militärische Engagement oder die Festlegung, welche Entwicklung oder Bedrohung welche Art von Reaktion nach sich zieht. Ferner sieht Reiter u. a. folgende Kritikpunkte:[130]

- Fehlende Beschreibung der Form der Mittel- bzw. Instrumentenverknüpfung der EU für den gezielten und koordinierten Einsatz,
- Fehlende Bestandsaufnahme und Auflistung der zivilen und militärischen Mittel, welche die EU bereits besitzt bzw. welche für die Aufgabenerfüllung einzurichten sind,
- Fehlende Erläuterung des Zusammenhangs von innerer und äußerer Sicherheit.

So kann das Ergebnis auf Grund des Konsensprinzips im Entscheidungsmodus zur ESS auch keine allumfassende Lösung und vollständig ausformulierte und erschöpfende Strategie sein. Vielmehr stellt es, basierend auf der zwischenstaatlichen Zusammenarbeit im Bereich der europäischen Sicherheitspolitik, in Teilen einen vorsichtigen Kompromiss dar, den es gilt, fortzuschreiben. Die ESS ist aber durchaus als Konzept geeignet, die Entwicklung der ESVP in der GASP vorantreiben. Jedoch bedarf es einer permanenten inhaltlichen Konkretisierung, Anpassung und Aktualisierungsüberprüfung.

Zum Verhältnis der EU zur NATO bleibt festzuhalten, dass die ESS ein solides Fundament für eine strategische und zukunftsorientierte Partnerschaft beider Organisationen darstellt. Anstelle der Bezeichnung einer neuen Stufe in der Entwicklung fixiert die ESS jetzt schriftlich das Zwischenergebnis eines Prozesses, der schon Jahre zuvor begonnen hatte. Dabei soll die ESVP die NATO im Rahmen dieser Europäischen Sicherheitsstrategie jetzt oder zukünftig nicht ersetzen. Vielmehr soll ein Rückgriff der EU auf NATO-Kapazitäten bei Bedarf und in Ermangelung eigener Ressourcen im Rahmen von Berlin-Plus möglich sein.

---

[130] Vgl. Reiter, Erich, Die europäische Sicherheitsstrategie, a. a. O., S. 30

9. NATO-EU Kooperationen

Im folgenden Kapitel werden als Einstieg die Petersberg-Aufgaben und die Berlin-Plus-Vereinbarungen als eine Grundlage des Handelns von EU und NATO inhaltlich näher betrachtet. Am Beispiel der NRF und der Battle Groups (BG) unter Einbeziehung der European Rapid Reaction Force (ERRF) soll danach eine Fähigkeits- und Kapazitätsanalyse durchgeführt und auf mögliche Problempunkte und Überschneidungen aufmerksam gemacht werden. Die Operationen Artemis und Concordia dienen als Beispiele für die Umsetzung, aber auch als Grundlage für das Untersuchen von Konfliktlinien und Defiziten.

9.1 Die Petersberg-Aufgaben und die Berlin-Plus-Vereinbarung

Wie bereits in Kapitel 5.1.4 aufgeführt, wurden die Petersberg-Aufgaben mit dem Vertrag von Amsterdam im Rechtsgefüge der EU verankert. Dabei handelt es sich gemäß Artikel 17 Abs. 2 EUV um:

- Humanitäre Aufgaben und Rettungseinsätze,
- Friedenserhaltende Maßnahmen,
- Kampfeinsätze bei der Krisenbewältigung, einschließlich friedensschaffender Maßnahmen.[131]

Um die Dimension des Handels der EU gemäß Artikel 17 EUV beurteilen zu können, bedarf es einer Erläuterung und Interpretation der oben aufgeführten und im Vertragstext verwendeten unbestimmten Rechtsbegriffe. Dabei ist ein humanitärer Einsatz grundsätzlich konfliktunabhängig und umfasst „die Gesamtheit der Hilfeleistungen und Unterstützungsmaßnahmen der Streitkräfte zur Abwendung oder Linderung menschlichen Leids oder einer Notlage, sei es auf Grund eines Naturereignisses, einer von Menschen verursachten Katastrophe, bürgerkriegsähnlicher Zustände oder ausnahmsweise sogar eines Krieges."[132] Rettungseinsätze beinhalten dabei u. a. Evakuierungen. Auch der Begriff der friedenserhaltenden Maßnahmen ist weder im EU-Vertrag noch in anderen Rechtsgrundlagen definiert und damit ausfüllungsbedürftig. Dabei kann nach Blanck[133] folgende Definition bzw.

---

[131] Dieser Aufgabenkatalog stammt wortwörtlich aus einer Erklärung der WEU-Mitgliedsstaaten vom Juni 1992 mit dem Ziel, die operationelle Rolle der WEU in der Sicherheitspolitik Europas zu stärken.

[132] Warnken, Monja, Der Handlungsrahmen der Europäischen Union im Bereich der Sicherheits- und Verteidigungspolitik, a. a. O., S.110. Diese Definition wurde erstmals in der Erklärung von Noordwijk vom November 1992 verwandt.

[133] Vgl. Blanck, Kathrin, Die Europäische Sicherheits- und Verteidigungspolitik im Rahmen der

Eingrenzung für den Begriff friedenserhaltend herangezogen werden: preventive diplomacy, peacekeeping, post-conflict peace-building. Die vorbeugende Diplomatie umfasst danach sowohl hauptsächlich wirtschaftliche als auch diplomatische Maßnahmen zur Konfliktprävention. Friedenserhaltung im engeren Sinne zielt auf Eindämmung, Entschärfung und Beendigung von Konflikten ab mit der Maxime der Neutralitätswahrung. Friedenskonsolidierende Maßnahmen dienen der Wiederherstellung und dem Wiederaufbau der Infrastruktur und der politischen Strukturen sowie der Vermeidung eines neuen Konflikts. So liegt der Unterschied von friedenserhaltenden Maßnahmen zu friedensschaffenden Maßnahmen in der Zielsetzung, d. h. anstelle einer passiven Vermittlerrolle tritt eine aktive, ggf. auch militärische Intervention.[134]

Mit diesem umfassenden Aufgabenkatalog wird der neuen Sicherheitslage nach dem Ende des Kalten Krieges Rechnung getragen und gleichzeitig das sicherheitspolitische Profil der EU gestärkt. Insbesondere die mit den Petersberg-Aufgaben geschaffene Möglichkeit zur Anwendung von Maßnahmen für die Wiederherstellung des Friedens mit allen verfügbaren Mitteln ergänzt den in der ESS formulierten Ansatz, dass die EU als aktiver und globaler sicherheitspolitischer Akteur in Erscheinung tritt und bildet gleichzeitig seine Handlungsgrundlage. Um die EU auch organisatorisch in die Lage zu versetzen, diese Aufgaben zu erfüllen, wurden neue Gremien eingerichtet, z. B. der Militärausschuss, Militärstab oder das PSK.[135]

Der Kern der Berlin-Plus-Vereinbarungen bezieht sich nicht mehr nur auf die reine Aufgabenzuweisung, sondern bereits auf die Dimension der operationellen Umsetzung. Der bereits in der ESS verankerte Grundsatz, dass Duplizierungen bezüglich Fähigkeiten und Kapazitäten strikt zu vermeiden sind, ist der Ausgangspunkt der Berlin-Vereinbarungen (einschließlich Berlin-Plus). Damit die WEU die seit 1992 festgeschriebenen Petersberg-Aufgaben erfüllen konnte, wurde 1996 in Berlin ein Rückgriffskonzept entwickelt, welches der WEU die zur Aufgabenerfüllung fehlenden, aber notwendigen Mittel zur Verfügung stellen sollte. Diese Vereinbarung beinhaltete u. a. die Möglichkeit, dass die NATO für die WEU Operationen und Übungen plant, vorbereitet und durchführt sowie ferner den Zugriff der WEU auf Mittel der NATO. Der Beschluss von Berlin blieb jedoch umstritten. Insbesondere zwischen der USA als Mitglied der NATO und Frankreich als Teil Europas gab es Differenzen. Die USA bestand auf der uneingeschränkten militärischen Dominanz der Allianz mit der Folge, dass erst wenn die NATO entscheidet, nicht tätig zu werden, es Handlungsspielraum für Europa und die WEU

---

europäischen Sicherheitsarchitektur, a. a. O., S. 216 / 217
[134] Ebenda, S. 218
[135] Vgl. hierzu Kapitel 7.1.2

66

gäbe. Außerdem müssen die WEU-Operationen in vollem Umfang transparent gemacht werden. Auch könne es keine vollständige Garantie für einen Rückgriff der WEU auf NATO-Kapazitäten geben. Frankreich befürchtete, dass sich die USA über ihre Mitgliedschaft in der NATO mit ihrer Transparenzforderung Mitentscheidungsrechte an europäischen Operationen sichern wollte und argumentierte zudem, dass das Erst-Zugriffs-Recht auf NATO-Ressourcen konzeptionell nicht praktikabel sei.[136] Die EU würde sich hinsichtlich ihrer Handlungsfähigkeit damit in die Abhängigkeit der NATO bzw. der USA begeben. Erst im Dezember 2002 konnte auf dem Gipfel in Kopenhagen die historische Berlin-Plus-Vereinbarung verabschiedet werden, wonach die EU garantierten Zugriff auf NATO-Planungsfähigkeiten und auf vorher von der NATO identifizierte, freigegebene und verfügbare Mittel und Kapazitäten bekommt, allerdings nur, wenn die NATO diese Fähigkeiten nicht für eigene Paralleloperationen benötigt.[137] Trotz dieses Vorbehaltes kann Berlin-Plus als Meilenstein in den Beziehungen von EU und NATO bezeichnet werden, da die bereits in der ESS festgeschriebene, strategische Partnerschaft zwischen EU und NATO auch auf der operationellen Ebene umgesetzt werden kann. Andererseits bleibt die EU bei ihrer Linie, unnötige Duplizierungen zu vermeiden. Der Vergleich der operationellen Ausgestaltung der Forderungen in der ESS und gleichzeitig die Umsetzung der Petersberg-Aufgaben seitens der EU und die Reaktionskräfte der NATO als Antwort auf die veränderte Sicherheitslage sind Gegenstand nachfolgender Ausführungen.

9.2 Fähigkeits- und Kapazitätsanalyse am Beispiel der NRF und Battle Groups

Die von der NATO im November 2002 beschlossene Einrichtung einer NATO Response Force (NRF), die als Ergebnis des EU Headline Goal geschaffene European Rapid Reaction Force (ERRF) und die im November 2004 in Brüssel beschlossene Einrichtung von Battle Groups (BG) als Ergebnis des Headline Goal 2010 sind schnelle Reaktionseinheiten, die von vergleichbaren Aufgaben und Fähigkeiten ausgehen. Als erster Überblick und Ausgangspunkt der Betrachtungen soll nachfolgende tabellarische Übersicht gelten, welche die Reaktionskräfte der EU und der NATO im Vergleich gegenüberstellt:

---

[136] Vgl. Dembinski, Matthias, Die Beziehungen zwischen NATO und EU von „Berlin" zu „Berlin plus": Konzepte und Konfliktlinien, in: Varwick, Johannes (Hrsg.), Die Beziehungen zwischen NATO und EU, a. a. O., S. 72

[137] Ebenda, S. 75. Auch bleibt es der NATO vorbehalten, die von der EU in Anspruch genommenen Mittel zurückzufordern, sollte die NATO eine eigene militärische Operation beginnen. Das bedeutet in Konsequenz, dass die NATO trotz dieser Rückgriffsmöglichkeit der EU de facto die vorrangige sicherheitspolitische Organisation bleibt, da sie mit den aufgeführten Vorbehalten jederzeit das Engagement der EU ausbremsen, sogar blockieren kann.

Einheit	Aufgaben	Reaktionszeit / geplanter Umfang	Einsatzbereitschaft
ERRF	Petersberg-Aufgaben, schnelle Eingreiftruppe	Innerhalb von 60 Tagen bis zu 60.000 Soldaten für Einsatzzeit von mind. 1 Jahr	Seit 2003 einsatzbereit erklärt
BG	Schnelle Reaktionskräfte, vor allem für Einsätze in Afrika, gleichzeitige Bewältigung von zwei Missionen	Innerhalb von 15 Tagen für Einsatzzeit von 30 bis 120 Tagen im Umfang von jeweils 1.500 Soldaten (insgesamt 13 BG's)	Eine BG bis 2005, bis 2007 vollständig
NRF	Gesamte NATO-Aufgaben, einschließlich Artikel 5, schnelle Eingreiftruppe	Innerhalb von 5 Tagen 5.000 Soldaten für 30 Tage Einsatzzeit, die restlichen bis zu 21.000 Soldaten innerhalb von 30 Tagen vor Ort	Bis Oktober 2004 bedingt, ab 2006 vollständig

Abbildung 2[138]

Bei der ERRF handelt es sich nicht um eine ständig präsente Streitmacht, sondern basierend auf einer auftrags- und lagebezogenen Anforderung wird sie von den Nationalstreitkräften in Zusammenarbeit mit multinationalen Stäben mit den entsprechenden Mitteln, Einheiten und Fähigkeiten ausgestattet.[139] Allerdings stellten sich in den ersten Jahren nach dem Entschluss der Einrichtung der ERRF in bestimmten Bereichen Defizite heraus, die es auszugleichen galt. Im Rahmen des 2001 beschlossenen European Capability Action Plan (ECAP) wurden die Defizite aufgegriffen, diskutiert und Lösungsvorschläge erarbeitet.[140] Im Jahre 2003 wurde die ERRF für grundsätzlich einsatzbereit erklärt, wenngleich immer noch wichtige Kapazitäten fehlten. Das im Jahre 2004 verabschiedete Headline Goal 2010 stellte neue Anforderungen und definierte Ziele neu. Als neues Element der ESVP wurde die Einrichtung von Battle Groups beschlossen. Die Reaktionszeit wurde im Vergleich zu den ERRF auf nur 15 Tage verkürzt, die Eingreiftruppen sind kleiner und mobiler, aber auch auf kürzere Einsatzzeiten ausgerichtet. Insbesondere die Erfahrungen aus der Operation Artemis im Kongo und die mit der ESS identifizierten neuen Herausforderungen, z. B. das Scheitern von Staaten, führten zur Entscheidung für die mobilen Kampfeinheiten. Wie in Kapitel 5.1.5 bereits angeführt, sollen die BG als rasch verlegbare Reaktionskräfte im Vorfeld zum Einsatz der Vereinten Nationen oder anderer Organisationen in Konflikte eingreifen und die Lage stabilisieren. Im

---

[138] Tabellarische Übersicht in Anlehnung an den Vergleich der Reaktionskräfte in Fitschen, Patrick, „Rollenspezialisierungen" und „Pooling" – Zauberformeln für ESVP und NATO?, in: Varwick, Johannes (Hrsg.), Die Beziehungen zwischen EU und NATO, a. a. O., S. 143

[139] Vgl. Fitschen, Patrick / Grams, Christoph, Ressourcen bündeln: Militärische Sicherheitseffekte bei der Europäischen Sicherheits- und Verteidigungspolitik (ESVP), Arbeitspapier der Konrad-Adenauer-Stiftung e. V., Nr. 128 / 2004, Sankt Augustin 2004, S. 3

[140] Danach gab es vor allem in den Bereichen Führungs- und Kommandostrukturen, Aufklärung, strategischer Transport und Durchhalte- und Überlebensfähigkeit erkannte Defizite.

Zusammenhang betrachtet, bildet die Einrichtung der BG die Fortsetzung des mit der Verankerung der Petersberg-Aufgaben im Vertrag von Amsterdam begonnenen Prozesses der Neupositionierung Europas in sicherheitspolitischen Fragen. Die mit den Battle Groups verbundenen Aufgaben lassen sich schwerpunktmäßig in Spiegelstrich drei der Petersberg-Aufgaben einordnen: Kampfeinsätze bei der Krisenbewältigung und friedensschaffende Maßnahmen. Sie bilden damit die Fortsetzung und Umsetzungsgrundlage der mit der ESS beschlossenen aktiven und zugleich globalen Rolle der EU in der Sicherheits- und Verteidigungspolitik.

Die NRF soll sich aus „hochmodernen, flexiblen, dislozierbaren, zur Interoperabilität tauglichen und durchhaltefähigen Truppenteilen zusammensetzen, die Land-, See- und Luftkontingente umfassen.“[141] Insbesondere der Anti-Terror-Kampf und der Kampf gegen die Weiterverbreitung von Massenvernichtungswaffen gehören zum Hauptbetätigungsfeld. Darüber hinaus erstrecken sich die Betätigungsfelder der NRF über das gesamte Spektrum der NATO-Aufgaben vom Krisenmanagement über Stabilisierungsoperationen bis zur kollektiven Verteidigung gemäß Artikel 5 NATO-Vertrag. Die NRF baut dabei auf den bestehenden NATO-Streitkräftestrukturen auf und soll mit einer Vorlaufzeit von nur fünf Tagen mit 5.000 Soldaten teilweise einsatzbereit sein. Diese im Vergleich kürzeste Reaktionszeit kann als Beweis für den Willen der NATO gewertet werden, die neuen Herausforderungen und Bedrohungen als die dominierende sicherheitspolitische Organisation anzugehen.[142] Im heutigen unübersichtlichen und komplexen Sicherheitsumfeld bilden diese hochmodernen Hochverfügbarkeitseinheiten die Grundlage der Verteidigung anstelle einer statischen Armee zur Zeit des Kalten Krieges. Interessant in diesem Zusammenhang ist die Tatsache, dass die NRF überwiegend von europäischen Staaten aufgebaut wird, denn die USA werden nur ca. 300 Soldaten (im Vergleich zu 21.000 Soldaten im voll einsatzbereiten Szenario sind das nur ca. 1,5 %) in die Eingreiftruppe integrieren.[143]

Voraussetzung für eine einsatzbereite NRF ist zudem die Interoperabilität zwischen europäischen und amerikanischen Streitkräften, die mit der Einhaltung der Prague Capabilities Commitment (PCC) gewährleistet werden soll.[144] Dieses Commitment

---

[141] Prager Gipfelerklärung der Staats- und Regierungschefs auf dem Treffen des NATO-Rats in Prag am 21. November 2002, NATO Press Release 22.11.2002, entnommen den Internetinformationen der NATO: http://www.nato.int/docu/other/de/2002/p02-127d.htm, eingesehen am 01.03.2006

[142] Die Defense Capabilities Initiative (DCI) von 1999 schlug explizit die Schaffung einer mobilen Eingreiftruppe als Erweiterung der Mittel der NATO vor, um die Allianz nach dem Wegfall des Ost-West-Konfliktes vor der zunehmenden Bedeutungslosigkeit zu bewahren. Hauptinitiator war der damalige US-Verteidigungsminister Donald Rumsfeld.

[143] Vgl. Fitschen, Patrick, „Rollenspezialisierungen“ und „Pooling“ – Zauberformeln für ESVP und NATO?, a. a. O., S. 142, 143

[144] Vgl. Renne, Barbara, Die Europäische Sicherheits- und Verteidigungspolitik zwischen Anspruch und Wirklichkeit, Institut für Friedensforschung und Sicherheitspolitik an der Universität Hamburg (IFSH), Heft 134, Hamburg 2004, S. 64

ist vergleichbar mit der ECAP und kommt im Ergebnis zu denselben Defiziten, Fähigkeitslücken und Schlussfolgerungen.

Damit deutet sich bereits ein enges Abhängigkeitsverhältnis und zugleich eine Konkurrenzsituation der Eingreiftruppen untereinander an, zumal viele europäische Staaten sowohl die NRF als auch die ERRF bzw. BG aus den selben nationalen Streitkräften bedienen müssen. Dieses Spannungsverhältnis wird in Kapitel 9.4 noch einmal aufgegriffen und betrachtet. Offen und unbeantwortet bleiben Fragen zum einheitlichen Ausbildungsstandard und der tatsächlichen Interoperabilität der Battle Groups.

9.3   Die Operationen Artemis und Concordia

Im gegenständlichen Kapitel soll an zwei konkreten Operationen die Umsetzung der Beschlüsse und Regularien in Grundzügen nachvollzogen werden. Die Beispiele wurden bewusst gewählt, da die Operation Artemis die erste europäische Mission ohne Beteiligung der NATO und außerhalb des europäischen Kontinents war. Die Operation Concordia stellte dagegen die erste militärische NATO-Folgemission unter EU-Führung gemäß den Berlin-Plus-Vereinbarungen dar. Es kommt dem Autor dabei nicht auf eine umfassende und erschöpfende Darstellung der Einzelheiten beider Operationen an. Vielmehr gilt es, anhand mehrerer Einzelaspekte Konfliktklinien für künftige gemeinsame oder separate Operationen aufzuzeigen, die in Kapitel 9.4 dann im Zusammenhang noch einmal aufbereitet werden.

9.3.1   Operation Artemis im Kongo

Die Operation Artemis ging zurück auf die Resolution 1484 des UN-Sicherheitsrates vom 30. Mai 2003, wonach eine multinationale Schutztruppe alle erforderlichen Maßnahmen ergreifen sollte, die humanitäre Lage in Bunia im Ostkongo zu stabilisieren.[145] Die Dauer war klar definiert bis zum 01.09.2003. Danach sollten die Vereinten Nationen im Rahmen ihrer Aufgaben nach Beendigung den weiteren Einsatz im Kongo wieder übernehmen. Zur Ausgangslage bleibt festzuhalten, dass sich die Kämpfe zwischen den ethnischen Gruppen der Hema und Lendu in der Provinz Ituri nach Abzug der 1. ugandischen Infanteriedivision wieder verstärkten; ein machtpolitisches und militärisches Vakuum entstand.[146] Nach sehr kurzer

---

[145]   Vgl. EU Military Operation in Democratic Republic of Congo (DRC/Artemis), entnommen den Internetinformationen des Rates der Europäischen Union: http://ue.eu.int/cms3_fo/showPage. asp?id=605&lang=DE&mode=g, S. 1 von 1, eingesehen am 01.03.2006

[146]   Vgl. Radner, Kurt, Artemis – Die EU-Mission im Kongo, Folge 274, Ausgabe 1 / 2004, entnommen den Internetinformationen des österreichischen Bundesministeriums für Landesverteidi-

Vorbereitungszeit und unter der Führung Frankreichs begann mit einer 1.500 Mann starken multinationalen Eingreiftruppe am 12.06.2003 die erste eigenständige Operation in der Geschichte der ESVP.[147] Mit Frankreich übernahm zugleich ein Land die Führung der ersten ESVP-Mission, dass im Vergleich des Modernisierungsgrades der Armeen zwischen den europäischen NATO-Ländern und der US-Armee auf einen mittleren Wert von 0,4 bis 0,6 kommt; nur Großbritannien liegt noch vor Frankreich.[148] Frankreich war als ehemalige Kolonialmacht mit ausgeprägter Rüstungsindustrie auf Grund seiner militärischen Ausstattung und Voraussetzungen in der Lage, die Operation Artemis erfolgreich zu führen und zu beenden. Hinzu kommt die Tatsache, dass sich Frankreich immer für eine sicherheitspolitische Eigenständigkeit Europas einsetzte. Diese Entwicklung lässt sich mit den in den vorangegangenen Kapiteln geschilderten Unabhängigkeitsbestrebungen unter de Gaulle (Pleven-Plan und EVG) und mit der kritischen Einstellung zu den Berlin-Plus-Regularien belegen. Gerade diese französische Führung galt jedoch während und nach Beendigung der Operation Artemis auch als Kritikpunkt. Als Grund wurde angeführt, dass Frankreich als ehemalige Kolonialmacht im Kongo und den angrenzenden Ländern stets auch eigene Interessen verfolgte.[149]

Während des Einsatzes im Kongo wurde auf den Rückgriff von NATO-Kapazitäten verzichtet. Die Anmietung russischer Antonows vom Typ AN-124 auf der Grundlage der gemäß ECAP erkannten Defizite der EU, insbesondere im Bereich der strategischen Transportmöglichkeiten, kann als bewusstes Zeichen dafür gewertet werden, dass die EU Unabhängigkeit von der NATO und der USA bei der eigenständigen Durchführung von Operationen demonstrieren wollte.[150]

Nach knapp drei Monaten Einsatzzeit wurde die erste autark durchgeführte Mission im Rahmen der ESVP planmäßig zum 01.09.2003 beendet. Obwohl sowohl die Einsatzzeit als auch die Vorbereitungszeit sehr kurz waren, kann die Operation Ar-

---

gung: http://www.bmlv.gv.at/truppendienst/ausgaben/artikel.php?id=121, S. 1 von 3, eingesehen am 03.03.2006

[147] Vgl. o. V., Artemis am Kongo, Uni Kassel, AG Friedensforschung, entnommen den Internetinformationen der Uni Kassel: http://www.uni-kassel.de/fb5/frieden/regionen/Kongo/imi.html, S. 3 von 7, eingesehen am 12.03.2006

[148] Dabei entspricht der Wert 1 den Fähigkeiten der US-Armee. Vgl. hierzu Renne, Barbara, Die Europäische Sicherheits- und Verteidigungspolitik zwischen Anspruch und Wirklichkeit, a. a. O., S. 54

[149] Vgl. Strutynski, Peter, Bundesregierung beschließt Bundeswehr-Beteiligung an der EU-Mission im Kongo, AG Friedensforschung an der Uni Kassel, entnommen den Internetinformationen der Uni Kassel: http://www.uni-kassel.de/fb5/frieden/regionen/Kongo/einsatz-baf.html, S. 3 von 3, eingesehen am 12.02.2006, So wurde der ethnische Konflikt zwischen Hema und Lendu nur als oberflächlicher Grund angesehen. Vielmehr waren die im Besitz der Provinz Ituri vermuteten und befindlichen Ressourcen – Gold und Öl – u. a. ein Grund für das verstärkte Engagement Frankreichs.

[150] Vgl. o. V., Artemis am Kongo, a. a. O., S. 4 von 7

temis im Gesamtzusammenhang als erfolgreich bewertet werden. Es wurde der Beweis erbracht, dass die EU auch ohne die NATO im Bereich der Sicherheitspolitik einsatzfähig und trotz der vorhandenen Defizite, u. a. im Bereich des Transportes, jetzt in der Lage war, weltweite Operationen durchzuführen. Konsequent agierte die EU in einem von der ESS identifizierten Hauptbedrohungsszenario, dem Scheitern von Staaten, und auf Grundlage der Petersberg-Aufgaben. Europa als globaler sicherheitspolitischer Akteur bewies mit Artemis globale Handlungsfähigkeit.

9.3.2   Operation Concordia in Mazedonien

Die Operation Concordia begann im März 2003 und löste die bis dahin von der NATO geführte Operation Allied Harmony in Mazedonien ab. Ziel war es, ein sicheres und stabiles Umfeld zu schaffen und zu gewährleisten, um der mazedonischen Regierung die Umsetzung des Ohrid-Abkommens zu ermöglichen.[151] Concordia bildete die erste militärische Operation der EU, basierend auf den Berlin-Plus-Vereinbarungen. Wie in Kapitel 5.1.5 bereits aufgeführt, hatte die EU im Januar 2003 bereits eine Polizeimission in Bosnien und Herzegowina angetreten. Damit handelte es sich keineswegs um das erste Engagement der EU in Mazedonien. Zum einen wurden Ende der neunziger Jahre im Rahmen des Gemeinschaftshilfeprogramms für die Länder Mittel- und Osteuropas – PHARE – Gelder für die Hilfe in Mazedonien bewilligt und zum anderen existierte bereits ein Stabilitäts- und Assoziierungsabkommen zwischen der EU und Mazedonien mit dem Ziel der Integration in die EU.[152]

Die EU favorisierte ein frühzeitiges Eingreifen in Mazedonien, knüpfte dies aber an die Bedingung des Abschlusses von Berlin-Plus. Diese Bedingung kann als Ergebnis der ECAP, in der die Defizite der ESVP aufgelistet wurden, und als Erkenntnis gewertet werden, dass die Defizite noch nicht in dem Maße reduziert wurden, um eine von der EU geführte militärische Operation in Mazedonien zu übernehmen. Der Hohe Repräsentant und Vertreter für die GASP, Javier Solana, sah in einem frühzeitigen Beginn der Mission Concordia die Möglichkeit, die militärischen Fähigkeiten der ESVP ebenso wie die Regularien Berlin-Plus auf ihre Praxistauglichkeit zu testen.[153] Der lange Streit zwischen Griechenland und der

---

[151]   Vgl. Schmalz, Uwe / Dennecke, Gunnar, Die EU-Operation Concordia: Auf dem Weg zu einer handlungsfähigen ESVP, aktualisiert 14.03.2004, entnommen den Internetinformationen der Deutschen Gesellschaft für Auswärtige Politik e. V.: http://www.weltpolitik.net/Sachgebiete/ Internationale%20Sicherheitspolitik/GASP/Analysen/Die%20EU-Operation%20%22CONCORD IA%22:%20Auf%20dem%20Weg%20zu%20einer%20handlungsf%E4higen%20ESVP.html, S. 2 von 3, eingesehen am 01.03.2006

[152]   Vgl. Ehrhart, Hans-Georg, Die EU als militärischer Akteur in Mazedonien, in: Varwick, Johannes (Hrsg.), Die Beziehungen zwischen NATO und EU, a. a. O., S. 171

[153]   Ebenda, S. 172

Türkei blockierte jedoch das Inkrafttreten von Berlin-Plus und verzögerte damit auch die Übernahme der Folgemission der NATO durch die EU in Mazedonien.[154] Zudem spiegelten sich die noch wenig ausgeprägten Fähigkeiten und Mittel zur Krisenprävention bzw. Krisenbewältigung in der Tatsache wieder, dass sich die NATO, anstelle der EU, militärisch und humanitär im Balkankonflikt engagierte, der unmittelbar an der Grenze zu Europa stattfand.[155] Die Verankerung der ESVP mit den Petersberg-Aufgaben und die Verabschiedung des EU Headline Goal lagen erst wenige Jahre zurück.

Die Dauer der Operation Concordia war zunächst auf sechs Monate beschränkt, wurde aber bis Dezember 2003 verlängert. Auch deutsche Soldaten nahmen nach Zustimmung durch den Deutschen Bundestag an dieser Operation teil.[156]

Die im Dezember 2003 verabschiedete ESS greift den Balkan-Konflikt als positives und damit erfolgreiches Beispiel für die strategische Zusammenarbeit zwischen NATO und EU auf. Im Ergebnis wurde die Region stabilisiert und ist somit nicht mehr vom Ausbruch eines größeren Konfliktes bedroht. Concordia stellte im Gesamtzusammenhang eine zeitlich überschaubare und durch den langjährigen Einsatz der NATO im Vorfeld eine mit großen Erfolgsaussichten versehene Operation dar. Der Rückgriff auf Planungskapazitäten der NATO im Rahmen von Berlin-Plus sowie die Übernahme und Nutzung vorhandener militärischer und strategischer Erfahrungen in der Region durch die EU begünstigten die positive Entwicklung dieser Mission.[157] Mit dieser Operation wurde einerseits sowohl seitens der NATO als auch der EU der Wille verdeutlicht, zukünftig im Rahmen der strategischen Partnerschaft, basierend auf Berlin-Plus, zusammenzuarbeiten. Andererseits war Concordia der Beweis bzw. die praktische Bewährungsprobe für die Funktionsfähigkeit dieser Dauervereinbarung. Mit dieser ersten EU-geführten militärischen Operation erreichte die Europäische Union im Rahmen der ESVP eine neue Stufe der Handlungsfähigkeit. Auch stellte diese Operation unter Beweis, dass die noch relativ neuen Strukturen und Gremien der ESVP[158] ihren Praxistest bestan-

---

[154] Vgl. Fitschen, Patrick / Serdar, Seda A., Die ESVP und die Türkei – Auf der Suche nach einer strategischen Partnerschaft, in: Ehrhart, Hans-Georg / Schmitt, Burkard (Hrsg.), Die Sicherheitspolitik der EU im Werden, a. a. O, S. 123. Der Streit zwischen der Türkei und Griechenland hatte Beteiligung und Berücksichtigung der Sicherheitsinteressen von europäischen Nicht-EU-NATO-Staaten, wie z. B. der Türkei, bei autonomen EU-Operationen zum Inhalt.

[155] Vorgängeroperationen der NATO auf dem Balkan: Essential Harvest, Amber Fox, Allied Harmony.

[156] Eine Besonderheit stellt im Rahmen von Kriseneinsätzen der EU der in Deutschland verankerte Parlamentsvorbehalt für Auslandseinsätze der Bundeswehr dar. Diese strengen Auflagen für den Einsatz besitzt sonst kein größerer NATO-Staat.

[157] Dabei wäre theoretisch auch eine autark durchgeführte EU-Operation wie im Kongo denkbar gewesen. Diese Option wurde jedoch bewusst nicht in Betracht gezogen, da sich die Berlin-Plus-Vereinbarungen und die militärischen Strukturen und Fähigkeiten der EU nach Javier Solana in der Praxis bewähren sollten.

[158] Vgl. Kapitel 7.1

den hatten. Zudem wurde mit Concordia die strategische Partnerschaft zwischen EU und NATO von einer institutionellen auf eine operativ-praktische Dimension erweitert.[159]

9.4   Konfliktlinien und Defizite

Als Einstieg in die Konfliktbetrachtung bleibt festzuhalten, dass mit der Verankerung der Petersberg-Aufgaben im Vertrag von Amsterdam und der näheren Erklärungen in Kapitel 9.1 zwar eine rechtliche Grundlage für Einsätze der EU im Rahmen der ESVP geschaffen wurde. Allerdings fällt auf, dass die mit der ESS identifizierte Hauptbedrohung des Terrorismus darin nicht berücksichtigt wurde. Auch eine damit zusammenhängende Beistandspflicht zur Landes- oder Bündnisverteidigung fehlt. Mit der Verfassung für Europa werden diese Themenbereiche in den verfassungsrechtlichen Kontext aufgenommen, wie in Kapitel 6.3 aufgeführt. In Ermangelung der Ratifizierung und dem fehlenden konkreten Zeithorizont für das Inkrafttreten bleibt jedoch die NATO vorerst die verteidigungspolitisch dominante Organisation. Auch hinsichtlich der militärischen Fähigkeiten und Kapazitäten, insbesondere der USA im Rahmen der NATO, die in Europa nicht oder nur zum Teil vorhanden sind, behält die vorangestellte Aussage ihre Gültigkeit.

Mit der Übernahme der Petersberg-Aufgaben in den Gemeinschaftsrechtsbestand erlegte sich die EU jedoch auch eine große Selbstverpflichtung auf. Dieser ursprünglich der WEU als kollektivem Beistandspakt zugehörige Aufgabenkatalog wurde in die komplexe Rechts- und Organisationsstruktur der EU – Säule 2 – übernommen, um dort im Rahmen der ESVP Wirkung zu entfalten. So kann in der Verankerung der Petersberg-Aufgaben mit dem Vertrag von Amsterdam schon fast ein Integrationszwang im Bereich der Sicherheits- und Verteidigungspolitik gesehen werden, da die EU für diese Einsätze und Operationen bereit und ausgerüstet sein muss. Die Entwicklung dieser Fähigkeiten und Kapazitäten befinden sich in einem laufenden Prozess, der im EU Headline Goal, Headline Goal 2010, ERRF und BG erste Ausprägungen zeigt.

In Anbetracht sinkender Verteidigungshaushalte in den EU-Mitgliedsstaaten und damit verbundenen Haushalts- und Sparzwängen kann sich diese Entwicklung jedoch nur in kleinen Schritten vollziehen. Die finanziellen Rahmenbedingungen tragen dem Reformbedarf der europäischen Streitkräfte nur bedingt Rechnung und werden in der Literatur fast ausschließlich als Hemmnis in der Entwicklung der

---

[159]   Vgl. Schmalz, Uwe / Dennecke, Gunnar, Die EU-Operation Concordia: Auf dem Weg zu einer handlungsfähigen ESVP, a. a. O., S. 3 von 3

ESVP aufgeführt.[160] Ein Grund für diese restriktive Ausgabendisziplin ist der Stabilitätspakt, deren Einhaltung die Mitgliedsstaaten zugesichert haben. Allerdings sieht Ehrhart durchaus einen positiven Entwicklungseffekt in diesen Sachzwängen: „Der Ressourcenmangel legt vielmehr eine engere Kooperation in den Bereichen Planung, Beschaffung, Rüstung, Transport, Wartung und Aufklärung nahe. Integrationspolitisch ... bedeutet er doch letztendlich eine weitere Verschränkung von Interesse und Macht im Rahmen gemeinsamer Institutionen."[161] Somit wird die Entwicklungsdynamik gestärkt, der gemeinschaftliche Handel intensiviert und ggf. wird die Sicherheits- und Verteidigungspolitik der EU vorausschauend ausgebaut.

Das in Kapitel 9.2 aufgeführte Abhängigkeitsverhältnis der Eingreiftruppen untereinander schafft eine Konkurrenzsituation, da viele europäische Staaten sowohl die NRF als auch die ERRF bzw. BG aus denselben nationalen Streitkräften bedienen müssen. Die Stellung der USA in der NRF bleibt vorliegend zu vernachlässigen, da sie nur einen Bruchteil der Soldaten zur Verfügung stellt. Dies führt letztendlich dazu, dass die NRF eine überwiegend europäische Eingreiftruppe darstellt. Im Umkehrschluss sehen sich alle Reaktionskräfte damit aber auch mit denselben Fähigkeitsdefiziten konfrontiert, die ihren Niederschlag in den fast deckungsgleichen Dokumenten ECAP und PCC finden.[162] Da die Rekrutierung von Personal für diese Eingreiftruppen grundsätzlich nur aus den vorhandenen Streitkräften erfolgen kann,[163] müssen Regelungen, Prioisierung und Eskalationsbestimmungen die Zugriffsrechte beider Organisationen – EU und NATO – festlegen. Diese Einigung auf ein gemeinsames und abgestimmtes Regelwerk wird jedoch insbesondere wegen des schwierigen Verhältnisses von Frankreich zur USA nicht einfach zu erreichen sein. Die unterschiedlichen Ansichten beider Länder zeigten sich, wie oben aufgeführt, deutlich im Vorfeld der Berlin-Plus-Vereinbarungen. Auf Grund der Konstellation des single set of forces ist zukünftig ein Missverhältnis von politischer, vertraglicher Zusage und realistischer Verfügbarkeit erkennbar, da vor allem in Wehrpflichtarmeen ein Großteil der Soldaten im Heimatland zur Ausbildung gebunden ist.[164] Sobald die EU mit den ERRF oder den BG und die NATO mit der NRF jeweils eine eigene Politik verfolgen, um jeweils verschiedene größere und umfangreiche Einsätze und Operationen globaler Art durchzuführen, tritt dieser Konflikt ein.

---

[160] Vgl. statt vieler Renne, Barbara, Die Europäische Sicherheits- und Verteidigungspolitik zwischen Anspruch und Wirklichkeit, a. a. O., S. 52 So sieht Renne auch das Problem der falschen und ineffektiven Mittelverwendung als ein oftmals vergessener Teil des Kostenarguments.

[161] Ehrhart, Hans-Georg, Leitbild Friedensmacht?, in: Ehrhart, Hans-Georg (Hrsg.), Die Europäische Sicherheits- und Verteidigungspolitik, 1. Auflage, Baden-Baden 2002, S. 255

[162] Vgl. Fitschen, Patrick, „Rollenspezialisierungen" und „Pooling" – Zauberformeln für ESVP und NATO?, a. a. O., S. 143

[163] Prinzip: single set of forces

[164] Vgl. Renne, Barbara, Die Europäische Sicherheits- und Verteidigungspolitik zwischen Anspruch und Wirklichkeit, a. a. O., S. 55. So verfügen neben Deutschland auch Dänemark, Polen, Ungarn und Türkei über eine Wehrpflichtarmee.

Auch die angeführte Tatsache, dass Großbritannien und Frankreich im Europa-Vergleich die modernsten Streitkräfte haben, kann zu einer nachteiligen Entwicklung und Belastung für die ESVP führen. Eine Rollenverteilung, vergleichbar mit vorangegangenen Einsätzen unter Beteiligung amerikanischer und europäischer Streitkräfte könnte entstehen. Großbritannien und Frankreich würden demnach als kriegsführende Mächte mit Präzisionswaffen und -geräten in Erscheinung treten und der Bodenkampf und die Konfliktnachsorge bliebe den verbleibenden europäischen Staaten.[165] Auch könnte diese Konstellation in letzter Konsequenz bedeuten, dass große und schwierige Operationen der EU ohne die Beteiligung dieser beiden Länder nicht möglich sind und dadurch eine ungewollte Abhängigkeit geschaffen wird. Zu berücksichtigen bleibt in dem Zusammenhang die besondere Rolle Großbritanniens im Rahmen der GASP und ESVP. Großbritannien als Atommacht mit besonders guten Verbindungen zu den USA nimmt in der Welt politisch und militärisch eine herausgehobene Bedeutung ein und hat demzufolge relativ wenig Interesse an einer möglichst eigenständigen ESVP. Dabei nimmt Großbritannien eine ambivalente Position ein: Einerseits steht die atlantische Orientierung zur NATO und den USA außer Frage. Andererseits will Großbritannien auf die europäische Integration, beispielsweise im Bereich der GASP und ESVP verstärkt Einfluss nehmen.[166] Daher wird die GASP und die ESVP mit Großbritannien nur dann Erfolg haben, wenn die Beziehungen zur NATO und die transatlantische Partnerschaft nicht durch Konkurrenz in Europa gefährdet werden.

9.5   Zwischenergebnis

Mit den Petersberg-Aufgaben und den Berlin-Plus-Vereinbarungen in Verbindung mit dem globalen Charakter der ESS nähern sich EU und NATO strategisch und militärisch zunehmend weiter an, da es jetzt zwei sicherheitspolitisch tätige Akteure mit weltweitem Anspruch gibt, die grundsätzlich von kleinen und der Erhaltung des Friedens dienenden Operationen bis hin zu größeren friedensschaffenden bzw. friedenserzwingenden Maßnahmen alles durchführen können. Die Schaffung multinationaler, mobiler Eingreiftruppen auf Seiten der EU und der NATO als Reaktion auf die veränderte Sicherheitslage führt bei gleichzeitigen Operationen beider Organisationen ggf. zum Missverhältnis von politischer Zusage und realer Verfügbarkeit der Ressourcen auf Grund der Konstellation des single set of forces.
Wie bereits angedeutet, kann die Einrichtung der NRF als Reaktion auf einen zunehmenden Bedeutungsverlust der NATO als Ausprägung der Defence Capabilities Initiative (DCI) gewertet werden. Wohingegen die Einrichtung der ERRF und

---

[165]   Ebenda, S. 54

[166]   Vgl. Deutschmann, Alrun, Die britische Position zur GASP / ESVP: Von Maastricht nach Nizza, in: Ehrhart, Hans-Georg (Hrsg.), Die europäische Sicherheits- und Verteidigungspolitik, a. a. O., S. 73

BG vorrangig dazu dient, den politischen Prozess der EU voranzubringen, um als globaler sicherheitspolitischer Akteur in Erscheinung zu treten. Auch kann bei der geplanten Ausgestaltung der NRF auf einen anderen Einsatzschwerpunkt, als bei den BG oder der ERRF geschlossen werden. Die Ausgestaltung von bis zu 21.000 Soldaten und einer sehr kurzen Reaktionszeit lassen vorwiegend anspruchsvolle, militärische Tätigkeiten in den Vordergrund rücken; dies wird gestützt durch offizielle Bezeichnungen wie Anti-Terror-Armee oder Interventionsarmee.[167] Mit dem Einsatz der Battle Groups im Vorfeld zu VN-Missionen, insbesondere mit Schwerpunkt Afrika, wurde zumindest vom Grundgedanken eine offenkundige Überschneidung hinsichtlich geografischer Einsatzgebiete vermieden.

Die von der EU autark durchgeführte Operation Artemis im Kongo kann im nachhinein ebenso als Erfolg gewertet werden, wie Operation Concordia in Mazedonien. Dabei konnte die dreifache Chance, mit Concordia „einen Beitrag zur Stabilisierung Mazedoniens zu leisten, die NATO zu entlasten und die ESVP einem ersten Praxistest zu unterziehen"[168], genutzt und in die Realität umgesetzt werden. Vergleichbare Aspekte, wie eine begrenzte Einsatzdauer, konkrete Zielsetzungen und ein begrenzter und überschaubarer Mitteleinsatz trugen zum Gelingen der Missionen bei. Dabei stellten beide Operationen ein Novum in der europäischen Sicherheits- und Verteidigungspolitik dar. Artemis war die erste allein von der EU durchgeführte militärische Operation, wohingegen Concordia den ersten Praxistest der Berlin-Plus-Vereinbarungen mit Rückgriff auf NATO-Kapazitäten beinhaltete. Die EU bewies mit beiden Operationen militärische Handlungsfähigkeit, um eine Grundlage für zukünftige Einsätze zu schaffen und um damit dem in der ESS formulierten Anspruch eines globalen sicherheitspolitischen Akteurs gerecht zu werden. Sachzwänge, wie die finanzielle Mittelausstattung der ESVP, behindern jedoch eine notwendige und umfassende Reform der Kapazitäten und Instrumente.

---

[167] Vgl. Renne, Barbara, Die Europäische Sicherheits- und Verteidigungspolitik zwischen Anspruch und Wirklichkeit, a. a. O., S. 72

[168] Ehrhart, Hans-Georg, Die EU als militärischer Akteur in Mazedonien, a. a. O., S. 169

10. Die Situation beider Organisationen nach der Ost-Erweiterung

Seit der Ost-Erweiterung der Europäischen Union und der NATO aus dem Jahr 2004 sind 20 von 25 EU-Mitgliedsstaaten zugleich Mitglied der NATO.[169] Im Gegenzug sind 19 der 26 NATO-Staaten gleichzeitig Mitglied in der Europäischen Union.[170] Rumänien und Bulgarien sollen bereits im Januar 2007 der EU beitreten. Die Türkei gilt als Bewerberland zur EU mit Beitrittsperspektive. Die Auswirkungen dieser Überschneidungen der Organisation bezüglich ihrer Mitglieder und die Bedeutung für die gegenseitigen Beziehungen sollen nachfolgend näher betrachtet werden.

10.1 Auswirkungen und Problemfelder

Die im Kapitel 5.1.5 beschriebene Osterweiterung der EU zum Mai 2004 mit zehn neuen Staaten stellt vorliegend bereits die dritte, aber umfangreichste Erweiterung der EU nach Osten dar. Mit Vollendung der deutschen Einheit 1990 trat der Teil der ehemaligen DDR der EG bei und Deutschland wurde zum größten EU-Staat. Der Beitritt Österreichs 1995[171] kann als zweite Osterweiterung gewertet werden. Die NATO-Ost-Erweiterung vollzog sich dagegen in zwei Etappen: Im März 1999 traten Polen, Tschechien, Ungarn und im März 2004 Bulgarien, Estland, Lettland, Litauen, Rumänien, Slowakei und Slowenien der NATO bei.

Das Ende des Kalten Krieges und damit der Wegfall des Ost-West-Konfliktes war Voraussetzung für die Öffnung von NATO und EU nach Osten. So vollzog sich die große Erweiterung der EU über Europa-Abkommen, die eine unverbindliche Beitrittsperspektive boten, die Eröffnung der Mitgliedsschaft und die Festlegung von Voraussetzungen für die Aufnahme, den Kopenhagen-Kriterien. Im Gegensatz dazu existierte für die Aufnahme in die NATO kein eigenständiges Kriteriengerüst. So bleibt die Entscheidung über den Beitritt zur NATO letztendlich eine politische Entscheidung gemäß Artikel 10 NATO-Vertrag, die einstimmig von den Mitgliedsstaaten zu beschließen ist.[172] Aus Sicht der potenziellen Bewerber stellen die Mitgliedschaft in der EU und NATO eine Chance dar, den Integrationsprozess

---

[169] Finnland, Malta, Irland, Österreich und Zypern sind keine NATO-Mitglieder.

[170] USA, Türkei, Rumänien, Norwegen, Kanada, Island, Bulgarien sind nicht in der EU.

[171] Finnland und Schweden traten zu diesem Zeitpunkt ebenfalls der EU bei. In Norwegen gab es keine Mehrheit für einen EU-Beitritt.

[172] Zwar wurde die Einführung von Membership Action Plans (MAP) als eine gewisse Objektivierung der Beitrittsverhandlungen zur NATO empfunden, am letztendlich politischen Charakter der Entscheidung ändert dies jedoch nichts. Die MAP sollten die Staaten lediglich auf den Weg in die NATO unterstützen und begleiten.

in Osteuropa voranzubringen und sich andererseits dem Einflussbereich Russlands zu entziehen.[173]

So gab es in Russland anfangs große Bedenken, die sich in einer grundsätzlich ablehnenden Haltung zur geplanten Ost-Erweiterung der NATO äußerte. Mit der Einrichtung des NATO-Russland-Rates im Jahr 1997 konnten diese Bedenken schrittweise reduziert werden, da Russland ein grundsätzliches Mitspracherecht in gemeinsamen Interessensgebieten, außer Sicherheitsangelegenheiten, eingeräumt wurde.[174] Zudem kann ein grundsätzliches Interesse Russlands an der Entwicklung der NATO von einem Militärbündnis zu einer zunehmend politischen Organisation unterstellt werden, da sich dadurch auch das politische Gewicht Russlands über die vereinbarten Mitspracherechte in der NATO erhöhen würde. Auch würde Russland so einer möglichen Isolation, ausgelöst durch die Ost-Erweiterung, entgegenwirken.

Ergebnis der letzten Erweiterungsrunde ist die Tatsache, dass die EU jetzt geografisch an Staaten grenzt, die sowohl ökonomisch als auch politisch wesentlich schwieriger an die Union heranzuführen sind, als die bisherigen Beitrittskandidaten.[175] Beispielsweise in Bosnien-Herzegowina und dem Kosovo gibt es weiter Instabilitäten und Spannungen. In Belarus, dem direkten Nachbarn Polens, mit Präsident Alexander Lukaschenko, den seine politischen Gegner auch als den letzten Diktator Europas bezeichnen, ist eine prowestliche Orientierung und ein schnelles Drängen auf einen EU-Beitritt wie in der Ukraine eher unwahrscheinlich.[176]

Darüber hinaus hat der Beitritt Estlands, Lettlands, Litauens als ehemalige Sowjetrepubliken und Sloweniens als ehemalige Teilrepublik des früheren Jugoslawiens neben der symbolischen auch eine strategische Bedeutung. Europa vollzieht einerseits einen großen symbolischen Schritt zur Einheit, wohingegen die NATO andererseits strategisch unmittelbar an Russland heranrückt und mit der Aufnahme von Bulgarien und Rumänien ebenfalls die Lücke zur Türkei schließt.[177] Hintergrund und eine wesentliche Triebfeder der Osterweiterung der NATO waren auch Befürchtungen, dass ohne eigene Ost-Erweiterung und dem bekanntlich zähen und langwierigen Beitrittsprozedere der EU in Mittel- und Osteuropa ein Gebiet wi-

---

[173] Vgl. Clement, Hermann, Integration in Osteuropa vor dem Hintergrund der Osterweiterung von NATO und EU, Osteuropa-Institut-München, Nr. 208, München 1997, S. 1

[174] Vgl. Ausführungen in Kapitel 5.2.2

[175] Vgl. Fröhlich, Stefan, Die Bedeutung der Erweiterung von NATO und EU für die Entwicklung der transatlantischen Sicherheitsbeziehungen, in: Varwick, Johannes (Hrsg.), Die Beziehungen zwischen NATO und EU, a. a. O., S. 239

[176] Vgl. Voß, Stefan, Das Land in dem der KGB lebt, 18. März 2006, entnommen den Internetinformationen des Nachrichtenmagazines N-24: http://www.n-24.de/politik/ausland/index.php/ a2006031516310424677, S. 1 von 2, eingesehen am 19.03.2006

[177] Vgl. Meier-Walser, Reinhard C., Die Transformation der NATO, a. a. O., S. 11, 12

derstreitender Interessensspähren und somit eine sicherheitspolitische Grauzone entsteht. Mit der Ausdehnung des NATO- und EU-Bündnisgebietes geht einerseits eine Stabilisierung und damit ein Sicherheitsgewinn einher. Andererseits sind neue Konfliktlinien, insbesondere durch die NATO und der jetzt unmittelbaren geografischen Angrenzung an Russland und den Nahen Osten zu erwarten.

Durch die zweite Osterweiterung vergrößerte sich aber auch der politische Einflussbereich der USA in der NATO und der EU. Die neuen osteuropäischen Mitgliedsstaaten sehen in der NATO den Garant ihrer eigenen Sicherheit und nicht in der Verwirklichung der ESVP in der EU mit der Folge, dass amerikanische Positionen und Interessen im Bündnis auf eine breitere Zustimmung treffen werden.[178] Der unilaterale Ansatz der USA erreicht damit eine neue Dimension, da jetzt mehr Staaten als potenzielle Partner für Koalitionen oder Allianzen außerhalb bestehender Bündnisse zur Verfügung stehen. Für Europa entsteht durch diesen verlängerten Arm der USA ein Druck von innen, im stärkeren Maße Position gegenüber der NATO zu beziehen, um nicht ins sicherheitspolitische Abseits gedrängt zu werden. Eine neue Spannung bis hin zur Spaltung zwischen „altem" und „neuem" Europa könnte das Ergebnis amerikanischer Bestrebungen sein, den o. a. Umstand bewusst als Mittel in Europa einzusetzen.

So sehen sowohl Meier-Walser als auch Fröhlich einen positiven Einfluss der Neumitglieder, insbesondere auf den operativen Bereich.[179] Das Battle Group-Konzept oder die NATO Response Force basieren nicht primär auf dem traditionellen Gedanken der Zurverfügungstellung und militärischen Nutzung von neuen Territorien. Die im Bereich der mobilen Einsatztruppen bereits in Ansätzen vollzogene Spezialisierung kann damit als Aufwertung der Bedeutung auch kleinerer, neuer Mitgliedsstaaten betrachtet werden. So können bereits vorhandene Spezial- oder Schlüsselfähigkeiten der osteuropäischen Beitrittsländer in den mobilen Einheiten, sowohl der NATO als auch der EU, besser und schneller integriert und somit militärisch nutzbar gemacht werden. Für die Staaten des "alten" Europas bedeutet diese Tatsache aber auch einen Anpassungs- und Modernisierungsdruck, um im Bündnis in Ermangelung leistungsfähiger und moderner Strukturen und Instrumente nicht an Einfluss zu verlieren.

---

[178] Vgl. Fröhlich, Stefan, Die Bedeutung der Erweiterung von NATO und EU für die Entwicklung der transatlantischen Sicherheitsbeziehungen, a. a. O., S. 247

[179] Vgl. Fröhlich, Stefan, Die Bedeutung der Erweiterung von NATO und EU für die Entwicklung der transatlantischen Sicherheitsbeziehungen, a. a. O., S. 243; übereinstimmend: Meier-Walser, Reinhard C., Die Transformation der NATO, a. a. O., S. 14

10.2   Zwischenergebnis

Abschließend bleibt festzuhalten, dass die Osterweiterung von NATO und EU nicht nur geografisch Veränderungen verursachte. Zunächst leistet die Ausweitung der jeweiligen Bündnis- und Unionsgebiete auf ehemals durchaus instabile Staaten einen Beitrag zur Erhöhung der Sicherheit. Andererseits birgt die unmittelbare Nachbarschaftspräsenz der NATO im Nahen Osten und in Russland neue Konfliktfelder. Auch die EU befindet sich nach ihrer Erweiterung auf 25 Mitgliedsstaaten mit ihren Außengrenzen in der Nähe von Krisenherden und Instabilitäten, z. B. dem Kosovo. Die Rolle und Position Russlands nach den Erweiterungsrunden bleibt schwierig und zum Teil unberechenbar. Zwar sind mit dem NATO-Russland-Rat erste Schritte zur Einbindung in die politische Meinungsbildung Europas unternommen worden. Ob dies jedoch zu einer permanenten Verbesserung der Beziehungen zu Russland führt, bleibt abzuwarten.

Auch die Entscheidungsfindung, basierend auf dem Konsenzprinzip als Ergebnis der intergouvernementalen Zusammenarbeit auf dem Gebiet der Sicherheitspolitik, wird mit den neuen Mitgliedsstaaten nicht einfacher. Zudem stellt die Tatsache, dass die osteuropäischen Beitrittsländer die NATO und nicht die EU als ihren Sicherheitspfeiler betrachten, die EU vor neue Herausforderungen, aber auch Risiken. Das Abgleiten in die zunehmende Bedeutungslosigkeit oder ein neuer Konflikt zwischen „neuem“ und „altem“ Europa durch den gestärkten Einfluss der USA sind mögliche Entwicklungslinien.

11.   Schlussbetrachtung:
Zwischen Partnerschaft und Blockade

Die vorliegende Masterarbeit hatte das Verhältnis von EU und NATO im Spannungsfeld zwischen gegenseitiger Blockade und strategischer Partnerschaft zum Inhalt. Der Untersuchung lag bereits – wie mit dem Titel der Arbeit signalisiert – der Ansatz zu Grunde, dass eine direkte Konkurrenz zwischen EU und NATO gegenwärtig nicht existiert. Das Spannungsfeld zwischen eventueller Blockade und strategischer Partnerschaft stand im Mittelpunkt der Betrachtungen.

Die Herausbildung des Ost-West-Konfliktes nach dem Ende des 2. Weltkrieges kann als ursächlich für die Herausbildung und Gründung der NATO im Jahr 1949 gesehen werden. Er bildete ebenfalls den historischen Auslöser für die Entwicklung der ESVP. Die zur Zeit des Kalten Krieges existente bipolare und berechenbare Welt, die von machtpolitischer Parität von USA und Sowjetunion und einem klar umrissenen Feindbild geprägt war, hatte Auswirkungen auf beide Organisationen. Das vorherrschende Bild einer statischen Armee war Ausdruck der Tatsache, dass die Verteidigungsstrategien vorrangig auf die Abwehr von Angriffen großer Machtblöcke angelegt war und auf gegenseitige Abschreckung basierte. Mit dem Ende des Kalten Krieges endete auch die Bipolarität. Eine globale Welt mit globalen Bedrohungen kennzeichnete die neue Sicherheitspolitik. So wurde der Sicherheitsbegriff um zunehmend nichtmilitärische Gesichtspunkte erweitert. Ökonomische, soziale und ökologische Aspekte spiegeln jetzt die neue Dimension des Sicherheitsbegriffes wieder, z. B. ethnische Spannungen, der Kampf um Öl oder Aids. Die im Vergleich zur NATO noch relativ junge ESVP erlangte erst mit dem Gründungsvertrag der Europäischen Union ihre rechtliche Verankerung im Jahr 1992 und basierte jahrzehntelang auf unverbindlichen Abkommen und Agreements (vgl. EPZ). Die Entwicklung der ESVP war die ersten Jahrzehnte nach dem Ende des 2. Weltkrieges vielfach von Rückschlägen gekennzeichnet (vgl. EVG oder Fouchet-Pläne). Hintergrund dieser zögerlichen und zaghaften Entwicklung war die Tatsache, dass die Sicherheitspolitik als Eingriff in den Kernbereich nationaler Souveränität jahrzehntelang von außenpolitischen Einigungs- und Integrationsprozessen ausgenommen war. Dieser Eingriff in nationale Kernkompetenzen souveräner Staaten, die einen Kompetenztransfer an überstaatliche Organe sehr erschwert und unter den derzeitigen politischen Strategien verhindert, bewirkte auch die vergleichbare Form der intergouvernementalen Zusammenarbeit in NATO und EU. Darüber hinaus ergab die Einordnung in das Gefüge internationaler Organisationen, dass die NATO partikular, problemfeldspezifisch und selbstkoordinierend strukturiert ist.

Mit der fortschreitenden Konkretisierung der ESVP in den Verträgen von Amsterdam und Nizza näherten sich beide Organisationen politisch als auch militärisch zunehmend an. Die im operativen Bereich vollzogenen Entwicklungen in Form gemeinsamer Operationen gelten als Beleg hierfür und zeigen mit der Einrichtung der Battle Groups bzw. European Rapid Reaction Force der EU und NATO Response Force durchaus ähnliche und vergleichbare Ansätze. Der durch die historische Entwicklung eingeleitete und durch die Untersuchung der Kernbestimmungen in den Rechtsgrundlagen beider Organisationen sowie dem Aufbau und der Struktur aufgezeigte Entwicklungstrend geht in folgende Richtung: Die NATO entwickelt sich von einem überwiegend militärisch geprägten Bündnis zunehmend zu einem zunehmend auch außenpolitisch tätigen Akteur (starke politische Rolle des NATO-Rates). Die EU dagegen will ihren Anspruch als ernstzunehmender und globaler Akteur im Bereich der Sicherheitspolitik stärken. Mit der Verabschiedung der Europäischen Sicherheitsstrategie 1993 wurde dann ein Paradigmenwechsel in der Sicherheitspolitik der EU eingeleitet, der diesen Anspruch unterstreicht. Die ESS stellt ein gemeinsames Konzept, einen gemeinsamen Standpunkt zur europäischen Sicherheitspolitik, zu einem gemeinsam abgestimmten Bedrohungsszenario und der notwendig gewordenen Erweiterung des Sicherheitsbegriffes dar. Dies kann als Meilenstein gewertet werden, insbesondere unter Berücksichtigung der Demonstration der Uneinigkeit Europas zum Irakkrieg. Allerdings stellt die ESS auch einen Kompromiss als Ergebnis des Konsensprinzips dar, welche in einigen Bereichen noch Unklarheiten und Mängel aufweist. Konzeptionell erscheint sie allerdings geeignet, die Entwicklung der ESVP in der GASP voranzutreiben. Zudem stellt die ESS die Beziehungen zwischen EU und NATO auf das solide Fundament einer strategischen Partnerschaft mit der Konsequenz, dass die ESVP die NATO jetzt oder zukünftig nicht ersetzen soll. Vielmehr soll in Vermeidung von Duplizierungen ein Rückgriff der EU auf NATO-Kapazitäten bei Bedarf und in Ermangelung eigener Ressourcen möglich sein. Die Berlin-Plus-Vereinbarungen bilden den rechtlichen und prozeduralen Rahmen für diesen Rückgriff, die Petersberg-Aufgaben dagegen die konkrete Ermächtigungsgrundlage für die Betätigung der EU. Mit den Zielvereinbarungen der ESS war auch eine weitere gegenseitige Annäherung beider Organisationen verbunden, die in gemeinsamen Operationen von EU und NATO, beispielsweise Concordia, ihren Ausdruck fand und als stärkend für die gegenseitige Partnerschaft empfunden wurde. Die EU beweist zudem mit eigenen Operationen, z. B. Artemis und der Schaffung neuer Instrumente (Battle Groups, Europäische Verteidigungsagentur) durchaus eigene Handlungsfähigkeit. Die militärische und zivile Ausgestaltung der ESVP unterliegt jedoch auch Sachzwängen, insbesondere wirkt die finanzielle Ausstattung bei Aufbau und Ausbau von neuen Instrumenten durchaus hemmend. Sowohl die NATO- als auch die EU-Eingreiftruppen werden zum größten Teil von denselben Mitgliedsstaaten mit Kapazitäten und Soldaten versorgt. Dieses Prinzip des single set of forces führt zu einem Abhängigkeitsverhältnis und in Konsequenz zu einem Konkurrenzverhältnis beider Reaktionskräfte, sollten EU und NATO eigenständige und umfassende Operationen losgelöst voneinander durchführen wollen.

Die Osterweiterung von NATO und EU führte in einem großen symbolischen Schritt zur Einheit Europas. Sie birgt aber auch Gefahren. Die EU befindet sich nach ihrer Erweiterung in nächster Nähe von Krisenherden und Instabilitäten, z. B. dem Kosovo. Zudem betrachten die osteuropäischen Beitrittsländer die NATO und nicht die EU als ihren Sicherheitspfeiler. Amerikanische Interessen werden im Entscheidungsprozess der EU demzufolge auf eine breitere Zustimmung treffen, was zu neuen Herausforderungen, aber auch Risiken für die transatlantischen Beziehungen führen könnte. Der als Ergebnis eines langen Prozesses mit der ESS letztendlich verankerte Grundsatz der strategischen Partnerschaft zwischen EU und NATO sollte diese Belastungsprobe jedoch bestehen.

12. Perspektiven und Herausforderungen künftiger Zusammenarbeit

Zunächst bleibt festzuhalten, dass die Allianz das wichtigste militärische Verteidigungsbündnis ist und in absehbarer Zukunft auch bleiben wird. Diese gewisse Exklusivität lässt sich mit verschiedenen Beispielen belegen. So bewirkt die bloße Existenz der NATO keine absolute und zwingende Notwendigkeit, die ESVP militärisch ggf. im direkten Konkurrenzverhältnis zur NATO weiterzuentwickeln.[180] Die vorhandenen Organisationen und Strukturen der NATO bilden außerdem einen Fundus für gemeinsame Operationen bzw. eine Rückgriffsmöglichkeit der EU, basierend auf den Berlin-Plus-Vereinbarungen. Sie bieten aber gleichzeitig eine militärische Rückversicherung für Europa bei Bedrohungen. So bleibt mit dem Erhalt und Fortbestand der NATO auch der Einfluss der USA – als einzig verbliebene Weltmacht nach dem Ende des Ost-West-Konfliktes – auf Europa erhalten. So wird bereits in der Einleitung zur ESS der entscheidende Beitrag der USA am europäischen Einigungsprozess und der Sicherheit Europas, insbesondere im Rahmen der NATO, betont. Zudem ist die NATO für Europa wichtig, weil sie die einzige Institution mit sicherheitspolitischer Bindung an die USA ist. Die Rolle, welche die USA in der NATO einnimmt, kann darüber hinaus in Europa kein einzelner Staat in der EU leisten. Die großen Drei – Frankreich, Großbritannien und Deutschland – müssten die Führerschaft übernehmen, um dann mit einer Stimme die ESVP voranzutreiben. Dies ist insbesondere hinsichtlich der besonderen Rolle Großbritanniens, dargestellt in Kapitel 9.4, illusorisch. Für die NATO bedeutet eine starke ESVP nicht grundsätzlich ein Konkurrenzverhältnis. Vielmehr kann die ESVP die NATO entlasten, was beispielsweise auch die Durchführung eigener Operationen (Artemis) einschließt. Daher bleibt es im Interesse beider, die begonnene strategische Partnerschaft zu pflegen.

Die neuen Herausforderungen können nur mit einer gemeinsam gestärkten Zusammenarbeit und dem Ausbau der strategischen Partnerschaft geleistet werden. Die in der PCC und ECAP fast deckungsgleich aufgeführten Defizite von NATO und EU werden bereits in der EU-NATO-Capability-Group zusammengeführt, um gemeinsam Strategien und Lösungsansätze zu finden. Wesentlichen Einfluss auf die zukünftige Entwicklung beider Organisationen wird allerdings die weiter anhaltende Budgetknappheit in den Verteidigungshaushalten der Mitgliedsländer haben. Daher gilt es, bei geringem Mitteleinsatz und effizienter Verwendung der Finanzen die Lücke zwischen politischem Willen und tatsächlich verfügbarem Budget zu schließen. Nach Fitschen gibt es hierfür zwei Lösungsansätze, die nachfolgend näher betrachtet werden: das Pooling und das Modell der Rollenspezialisierung.[181]

---

[180] Solange Europa nicht bereit ist, mehr Geld in Verteidigung und die eigene Positionierung als Gegengewicht zur USA bereitzustellen, bleibt die Allianz alternativlos.

[181] Vgl. Fitschen, Patrick, „Rollenspezialisierungen" und „Pooling" – Zauberformeln für ESVP und NATO?, a. a. O., S. 139 ff.

Pooling bedeutet in diesem Zusammenhang das Zusammenlegen von vorhandenen nationalen Kräften in einem Pool. Bei gemeinsamen Operationen werden aus diesem Pool die entsprechenden Kapazitäten akquiriert. Diese Betrachtungsweise baut auf vorhandenen nationalen Fähigkeiten auf. Denkbar wäre auch das Zusammenlegen von Fähigkeiten bereits in der Entstehungsphase, um ggf. neue Fähigkeiten gemeinsam aufzubauen. In der ESS wird dieser Ansatz bereits forciert: „Durch einen systematischen Rückgriff auf zusammengelegte und gemeinsam genutzte Mittel können Duplizierungen verringert, die Gemeinkosten gesenkt und mittelfristig die Fähigkeiten ausgebaut werden."[182] Die Vorteile, reduzierte Kosten, weniger Personaleinsatz und Ausbau der Fähigkeiten werden in der ESS gleich mit aufgeführt. Allerdings steht diesen positiven Effekten auch ein gravierender Nachteil gegenüber. Pooling in der geschilderten Form wird erst mit der Einführung supranationaler Organe seine volle Wirkung entfalten können. Solange ein oder mehrere Staaten die Möglichkeit des Rückzugs mit dem Herauslösen der Fähigkeiten aus den gemeinsamen Strukturen haben, bleibt der Wirkungsgrad auf eine teilweise Optimierung der Nutzung bestehender oder neuer Ressourcen beschränkt.[183] Wie bereits angedeutet, hat diese Form der Ressourcenbündelung wenig Chance auf Realisierung, wenn der politische Wille fehlt. ESVP und NATO werden realistisch in naher Zukunft weiter intergouvernemental zusammenarbeiten, da sich die Mitgliedsstaaten den autonomen Einsatz ihrer Armeen weiter vorbehalten werden.

Der Mechanismus der Rollenspezialisierung basiert dagegen auf der Annahme, dass einzelne Mitgliedsstaaten spezifische Schlüsselfähigkeiten und -kompetenzen in das jeweilige Bündnis einbringen. Dies bedeutet, nicht jedes Land muss das komplette Spektrum der Streitkräfte abdecken, sondern konzentriert sich auf Spezialfähigkeiten. Nach Borchert / Eggenberger kann zudem eine Unterscheidung in situative und permanente Rollenspezialisierung getroffen werden.[184] Dabei erfolgt die Übernahme einer Rolle oder Fähigkeit nicht dauerhaft, sondern wird von Fall zu Fall – situativ – neu verteilt. Permanente Spezialisierung stellt die dauerhafte und zumeist irreversible Übernahme einer Fähigkeit, stellvertretend für alle anderen Mitgliedsstaaten, dar. Mit der dauerhaften Spezialisierung auf eine Fähigkeit geht meistens die Beschränkung oder vollständige Aufgabe einer anderen Ressource einher. Zu Vor- und Nachteilen können die Aussagen zum Pooling fast vollständig übernommen werden. Ohne einen erhöhten Integrationsgrad im Bereich der Sicher-

---

[182] Europäische Sicherheitsstrategie, a. a. O., S.12

[183] So im Ergebnis auch Fitschen, Patrick, „Rollenspezialisierungen" und „Pooling" – Zauberformeln für ESVP und NATO?, a. a. O., S. 149. Ein weiterer Nachteil kann in verschiedenen inkompatiblen Kommandostrukturen oder Waffensystemen gesehen werden.

[184] Vgl. Borchert, Heiko / Eggenberger, Rene', Rollenspezialisierung und Ressourcenzusammenlegung – Wie Europas sicherheitspolitische Fähigkeiten gestärkt werden können, in: Ehrhart, Hans-Georg / Schmitt, Burkhard (Hrsg.), Die Sicherheitspolitik der EU im Werden, a. a. O., 231

heitspolitik und dem Willen, nationale Autonomie zumindest auf ein Mindestmaß zurückzufahren, kann eine Rollenspezialisierung nicht realisiert werden.

Zusammenfassend bleibt festzuhalten, dass Pooling und Rollenspezialisierung substantiell durchaus Chancen bieten können, vorhandene militärische Ressourcen optimaler und effizienter zu nutzen. Dies ist aber abhängig vom politischen Willen, Rechte des Nationalstaates abzugeben. „Es ist daher (nur – Einfügung des Autors) eine Frage der Zeit, bis der finanzielle und sicherheitspolitische Handlungsdruck groß genug ist, um diesen gemeinsamen Willen zu generieren."[185]

---

[185] Fitschen, Patrick, „Rollenspezialisierungen" und „Pooling" – Zauberformeln für ESVP und NATO?, a. a. O., S. 149

Anhang

Abkürzungsverzeichnis

ACO .... Allied Command Operations
ACT .... Allied Command Transformation
BG .... Battle Groups
CJTF .... Combined Joint Task Force
DCI .... Defense Capabilities Initiative
EAG .... Europäische Atomgemeinschaft
ECAP .... European Capability Action Plan
EEA .... Einheitliche Europäische Akte
EG .... Europäische Gemeinschaften
EGKS .... Europäische Gemeinschaft für Kohle und Stahl
EPZ .... Europäische Politische Zusammenarbeit
ERRF .... European Rapid Reaction Force
ESS .... Europäische Sicherheitsstrategie
ESVP .... Europäische Sicherheits- und Verteidigungspolitik
EU .... Europäische Union
EuGH .... Europäischer Gerichtshof
EUMC .... EU Military Committee
                (Militärausschuss der EU)
EUMS .... Militärstab der Europäischen Union
EUV .... Vertrag über die Europäische Union
EVG .... Europäische Verteidigungsgemeinschaft
EWG .... Europäische Wirtschaftsgemeinschaft
GASP .... Gemeinsame Außen- und Sicherheitspolitik
GUS .... Gemeinschaft unabhängiger Staaten
IGO .... International Governmental Organisation
INGO .... International Non Governmental Organisation
KFOR .... Kosovo Force
MC .... Military Committee
                (Militärausschuss der NATO)
MOE .... Mittel- und Osteuropa
NATO .... North Atlantic Treaty Organization
NPG .... Nukleare Planungsgruppe
NRF .... NATO Response Force
OPEC .... Organization of the Petroleum Exporting Countries
PCC .... Prague Capabilities Commitment
PSK .... Politisches und Sicherheitspolitisches Komitee
SFOR .... Stabilization Force

VN .... Vereinte Nationen
VPA .... Verteidigungsplanungsausschuss
WEU .... Westeuropäische Union
WU .... Westunion

Quellenverzeichnis

Monographien

Blanck, Kathrin: Die Europäische Sicherheits- und Verteidigungspolitik im Rahmen der Europäischen Sicherheitsarchitektur, Wien 2005

Borchert, Heiko: I Europäische Union (GASP/ESVP): Sicherheit durch Souveränitätstransfer, Vorlesung 6.504 „Sicherheitspolitik" vom 28. April 2003 an der Universität St. Gallen, entnommen den Internetinformationen der Beratungsgesellschaft Dr. Heiko Borchert & Co.: www.borchert.ch/paper/HSG_0428_EU.pdf, eingesehen am 20.01.2006

Borchert, Heiko: II NATO: Kollektive Verteidigung im Wandel, Vorlesung „Sicherheitspolitik" am 28.04.2003 an der Universität St. Gallen, entnommen den Internetinformationen der Beratungsgesellschaft Dr. Heiko Borchert & Co.: http://www.borchert.ch/paper/HSG_0428_NATO.pdf, eingesehen am 13.02.2006.

Clement, Hermann: Integration in Osteuropa vor dem Hintergrund der Osterweiterung von NATO und EU, Osteuropa-Institut-München, Nr. 208, München 1997

Fischer, Joschka: Rede in der Bundestagsdebatte anläßlich des 50. Jahrestages der Gründung der NATO, 22.04.1999, entnommen den Internetinformationen des Auswärtigen Amtes: http://www.auswaertiges-amt.de/www/de/ausgabe_archiv?archiv_id=758, eingesehen am 20.02.2006

Fitschen, Patrick / Grams, Christoph: Ressourcen bündeln: Militärische Sicherheitseffekte bei der Europäischen Sicherheits- und Verteidigungspolitik (ESVP), Arbeitspapier der Konrad-Adenauer-Stiftung e. V., Nr. 128 / 2004, Sankt Augustin 2004

Gasteyger, Curt: Europa von der Spaltung bis zur Einigung, Bonn 1997

Hesse, Markus: Die Europäische Sicherheitsstrategie, aktualisiert am 31. Oktober 2005, entnommen den Internetinformationen der Deutschen Gesellschaft für Auswärtige Politik e. V.: http://www.weltpolitik.net/Sachgebiete/Internationale%20Sicherheitspolitik/GASP/Grundlagen/Die%20Europ%E4ische%20Sicherheitsstrategie.html, eingesehen am 01.03.2006

Kamp, Karl-Heinz: Europäische „Battle Groups" – ein neuer Schub für die ESVP?, 15. Dezember 2004, Nr. 15/2004, entnommen den Internetinformationen der

Konrad Adenauer Stiftung: http://www.kas.de/db_files/dokumente/analysen_und_argumente/7_dokument_dok_pdf_5827_1.pdf, eingesehen am 20.02.2006

Karakas, Cemal: Die Balkankrise als Gegenstand der Gemeinsamen Außen- und Sicherheitspolitik (GASP), Frankfurt am Main 2004

Kleine, Mareike: Die Reaktion der EU auf den 11. September, Münster 2004

Knapp, Manfred / Krell, Gert: Einführung in die Internationale Politik, 4. Auflage, München 2004

Kreft, Michael: Die Europäische Union als Sicherheitsinstitution, Osnabrück 2002

Meier-Walser, Reinhard C.: Die Transformation der NATO, Hanns-Seidel-Stiftung, Akademie für Politik und Zeitgeschehen, München 2004

O. V.: Artemis am Kongo, Uni Kassel, AG Friedensforschung, entnommen den Internetinformationen der Uni Kassel: http://www.uni-kassel.de/fb5/frieden/regionen/Kongo/imi.html, eingesehen am 12.03.2006

O. V.: NATO-Handbuch, NATO Office of Information and Press, Brüssel 2001, entnommen den Internetinformationen der NATO: http://www.nato.int/docu/other/de/handbook.pdf, eingesehen am 11.02.2006

O. V.: Das Atlantische Bündnis 1949–1989, Tatsachen und Dokumente, NATO-Informationsdienst, 7. Auflage, Brüssel 1990

Patzelt, Werner J.: Einführung in die Politikwissenschaft, 5. Auflage, Passau 2003

Radner, Kurt: Artemis – Die EU-Mission im Kongo, Folge 274, Ausgabe 1 / 2004, entnommen den Internetinformationen des österreichischen Bundesministeriums für Landesverteidigung: http://www.bmlv.gv.at/truppendienst/ausgaben/artikel.php?id=121, eingesehen am 03.03.2006

Regelsberger, Elfriede: Die Gemeinsame Außen- und Sicherheitspolitik der EU (GASP), 1. Auflage, Baden-Baden 2004

Reiter, Erich: Die Sicherheitsstrategie der EU, Aus Politik und Zeitgeschichte, B3-4/2004, Bundeszentrale für politische Bildung, Bonn 2004

Renne, Barbara: Die Europäische Sicherheits- und Verteidigungspolitik zwischen Anspruch und Wirklichkeit, Institut für Friedensforschung und Sicherheitspolitik an der Universität Hamburg (IFSH), Heft 134, Hamburg 2004

Rittberger, Volker / Zangl, Bernhard: Internationale Organisationen – Politik und Geschichte, 3. Auflage, Opladen 2003

Schley, Nicole u. a.: Knaurs Handbuch Europa, München 2004

Schmalz, Uwe / Denecke, Gunnar: Die EU-Operation Concordia: Auf dem Weg zu einer handlungsfähigen ESVP, aktualisiert 14.03.2004, entnommen den Internetinformationen der Deutschen Gesellschaft für Auswärtige Politik e. V.: http://www.weltpolitik.net/Sachgebiete/Internationale%20Sicherheits politik/GASP/Analysen/Die%20EU-Operation%20%22CONCORDIA%22: %20Auf%20dem%20Weg%20zu%20 einer%20handlungsf%E4higen%20E SVP.html, eingesehen am 01.03.2006

Schumann, Wolfgang: I Das Institutionengefüge in der dritten Säule (Zusammenarbeit in der Justiz- und Innenpolitik, ZJIP), entnommen den Internetinformationen des Bildungsservers der UNESCO D@dalos: http://www.dadalos-d.org/europa/grundkurs4/zjip.htm, eingesehen am 28.02.2006

Schumann, Wolfgang: II Das Institutionengefüge in der zweiten Säule: GASP und ESVP, entnommen den Internetinformationen des Bildungsservers der UNESCO D@dalos: http://www.dadalos-d.org/europa/grundkurs4/gasp_ esvp.htm, eingesehen am 28.02.2006

Strutynski, Peter: Bundesregierung beschließt Bundeswehr-Beteiligung an der EU-Friedensmission Mission im Kongo, AG Friedensforschung an der Uni Kassel, entnommen den Internetinformationen der Uni Kassel: http://www. uni-kassel.de/fb5/frieden/regionen/Kongo/einsatz-baf.html, eingesehen am 12.02.2006

Umbach, Frank: Chinas Energiepolitik – Globale Dimensionen und Herausforderungen, aktualisiert 20. Juni 2005, entnommen den Internetinformationen der Deutschen Gesellschaft für Auswärtige Politik e. V.: http://www.weltpolitik.net/Regionen/AsienPazifik/China/Analysen/Chinas%20Energiepolitik. html, eingesehen am 01.03.2006

Varwick, Johannes (Hrsg.): Die Beziehungen zwischen NATO und EU, Opladen 2005

Varwick, Johannes / Woyke, Wichard: I NATO 2000, Opladen 1999

Varwick, Johannes / Woyke, Wichard: II. Die Zukunft der NATO, 2. Auflage, Opladen 2000

Von Plate, Bernhard: Außen- und Sicherheitspolitik vor neuen Herausforderungen, Informationen zur politischen Bildung, Heft 280, Bonn 2003

Warg, Gunter: Von Verteidigung zu kollektiver Sicherheit, Frankfurt am Main 2004

Warnken, Monja: Der Handlungsrahmen der Europäischen Union im Bereich der Sicherheits- und Verteidigungspolitik, 1. Auflage, Baden-Baden 2002

Wendlberger, Andreas: Die Geschichte der NATO 1949 – 1990, 19. März 2004, entnommen den Internetinformationen der Deutschen Gesellschaft für Auswärtige Politik e. V.: http://www.weltpolitik.net/Sachgebiete/Internationale%20Sicherheitspolitik/Grundlagen%20internationaler%20Sicherheitspolitik/Akteure/NATO/Grundlagen/Fortsetzung4:%20Geschichte%20der%20NATO%201949-1990.html, Ziff. 2.4, eingesehen am 01.02.2006

Woyke, Wichard (Hrsg.): Handwörterbuch Internationale Politik, 8. Auflage, Opladen 2000

Artikel in Sammelwerken

Baring, Arnulf: Die Schwächung von NATO und EU nach dem 11. September, in: Meier-Walser, Reinhard C. (Hrsg.), Die Zukunft der NATO, Hanns-Seidel-Stiftung, Akademie für Politik und Zeitgeschehen, München 2002, S. 33 – 35

Birnbaum, Norman: Gehen Europa und die USA schon bald getrennte Wege?, in: Reinecke, Stefan (Hrsg.), Die neue NATO, Hamburg 2000, S. 99 – 112

Borchert, Heiko / Eggenberger, René: Rollenspezialisierung und Ressourcenzusammenlegung – Wie Europas sicherheitspolitische Fähigkeiten gestärkt werden können, in: Ehrhart, Hans-Georg / Schmitt, Burkhard (Hrsg.), Die Sicherheitspolitik der EU im Werden, 1. Auflage, Baden-Baden 2004, S. 230 – 244

Dembinski, Matthias: Die Beziehungen zwischen NATO und EU von „Berlin" zu „Berlin plus": Konzepte und Konfliktlinien, in: Varwick, Johannes (Hrsg.), Die Beziehungen zwischen NATO und EU, Opladen 2005, S. 61 – 80

Deutschmann, Alrun: Die britische Position zur GASP / ESVP: Von Maastricht nach Nizza, in: Ehrhart, Hans-Georg (Hrsg.), Die Europäische Sicherheits- und Verteidigungspolitik, 1. Auflage, Baden-Baden 2002, S. 58 – 73

Ehrhart, Hans-Georg: I Die EU als militärischer Akteur in Mazedonien, in: Varwick, Johannes (Hrsg.), Die Beziehungen zwischen NATO und EU, Opladen 2005, S. 169 – 184

Ehrhart, Hans-Georg: II Leitbild Friedensmacht?, in: Ehrhart, Hans-Georg (Hrsg.), Die Europäische Sicherheits- und Verteidigungspolitik, 1. Auflage, Baden-Baden 2002, S. 243 – 257

Fitschen, Patrick: „Rollenspezialisierungen" und „Pooling" – Zauberformeln für ESVP und NATO?, in: Varwick, Johannes (Hrsg.), Die Beziehungen zwischen EU und NATO, Opladen 2005, S. 139 – 154

Fitschen, Patrick / Serdar, Seda A.: Die ESVP und die Türkei – Auf der Suche nach einer strategischen Partnerschaft, in: Ehrhart, Hans-Georg / Schmitt, Burkard (Hrsg.), Die Sicherheitspolitik der EU im Werden, 1. Auflage, Baden-Baden 2004, S. 118 – 132

Fröhlich, Stefan: Die Bedeutung der Erweiterung von NATO und EU für die Entwicklung der transatlantischen Sicherheitsbeziehungen, in: Varwick, Johannes (Hrsg.), Die Beziehungen zwischen NATO und EU, Opladen 2005, S. 239 – 256

Harnischfeger, Horst: Die Zukunft der NATO, in: Meier-Walser, Reinhard C. (Hrsg.), Die Zukunft der NATO, Hanns-Seidel-Stiftung, Akademie für Politik und Zeitgeschehen, München 2002, S. 97 – 103

Knelangen, Wilhelm: Getrennt marschieren, vereint schlagen?, in: Varwick, Johannes (Hrsg.), Die Beziehungen zwischen NATO und EU, Opladen 2005, S. 199 – 218

Lübkemeier, Eckhard: Preface: The ESDP as a Key Project for European Unification, in: Ehrhart, Hans-Georg (Hrsg.), Die Europäische Sicherheits- und Verteidigungspolitik, 1. Auflage, Baden-Baden 2002, S. 9 – 18

Meier-Walser, Reinhard C.: Die Entwicklung der NATO 1990 – 2004, in: Varwick, Johannes (Hrsg.), Die Beziehungen zwischen NATO und EU, Opladen 2005, S. 25 – 44

Neuneck, Götz: Die Proliferation von Massenvernichtungswaffen als Herausforderung für die EU, in: Ehrhart, Hans-Georg / Schmitt, Burkard (Hrsg.), Die Sicherheitspolitik der EU im Werden, 1. Auflage, Baden-Baden 2004, S. 32 – 44

Schmalz, Uwe: Die Entwicklung der Europäischen Sicherheits- und Verteidigungspolitik 1990-2004 in: Varwick, Johannes (Hrsg.), Die Beziehungen zwischen NATO und EU, Opladen 2005, S. 45 – 60

Varwick, Johannes: Probleme der Sicherheitsarchitektur Europas, in: Loth, Wilfried (Hrsg.), Das europäische Projekt zu Beginn des 21. Jahrhunderts, Opladen 2001, S. 247 – 265

Wagner, Wolfgang / Hellmann, Gunther: Zivile Weltmacht? – Die Außen-, Sicherheits- und Verteidigungspolitik der Europäischen Union, in: Jachtenfuchs, Markus / Kohler-Koch, Beate, Europäische Integration, Opladen 2003, S. 569 – 593

Weidenfeld, Werner: Organisation, Institutionalisierung und Fortentwicklung der ESVP, in: Rotte, Ralph / Sprungala, Tanja (Hrsg.), Probleme und Perspektiven der Europäischen Sicherheits- und Verteidigungspolitik (ESVP), Münster 2004, S. 16 – 33

Woyke, Wichard: NATO, in: Woyke, Wichard (Hrsg.), Handwörterbuch Internationale Politik, 8. Auflage, Opladen 2000, S. 317

Gesetzliche und vertragliche Grundlagen, Medienberichte, Artikel in Zeitschriften, sonstige Internetquellen

Civilian & Military Structures, updated 03. März 2006, entnommen den Internetinformationen der NATO: http://www.nato.int/structur/structure.htm#CS, eingesehen am 04.03.2006

Erklärung zur Westeuropäischen Union, Anhang zum Vertrag über die Europäische Union, entnommen den Internetinformationen der Europäischen Union: http://europa.eu.int/eur-lex/de/treaties/dat/EU_treaty.html#0105000050, eingesehen am 12.01.2006

EU Military Operation in Democratic Republic of Congo (DRC/Artemis), entnommen den Internetinformationen des Rates der Europäischen Union: http://ue.eu.int/cms3_fo/showPage.asp?id=605&lang=DE&mode=g, eingesehen am 01.03.2006

Europäische Sicherheitsstrategie (ESS), Brüssel, 12. Dezember 2003, entnommen den Internetinformationen des Rates der Europäischen Union: http://ue.eu.int/uedocs/cmsUpload/031208ESSIIDE.pdf, eingesehen am 13.01.2006

O. V.: EU-Parlament fordert jetzt auch Schließung von Guantanamo, Handelsblatt, Donnerstag 16.02.2006, entnommen den Internetinformationen der Wirtschaftszeitung Handelsblatt: http://www.handelsblatt.com/hbiwwwangebot/fn/relhbi/sfn/buildhbi/cn/bp_artikel/docid/1036287/STRUCID/200013/PAGEID/200051/, eingesehen am 23.02.2006

O. V.: Al-Qaida bekennt sich zu Anschlag auf Ölraffinerie, Spiegel-Online, 25.02.2006, entnommen den Internetinformationen des Nachrichtenmagazines Spiegel: http://www.spiegel.de/politik/ausland/0,1518,403188,00.html, eingesehen am 03.03.2006

Prager Gipfelerklärung der Staats- und Regierungschefs auf dem Treffen des NATO-Rats in Prag am 21. November 2002, NATO Press Release 22.11.2002, entnommen den Internetinformationen der NATO: http://www.nato.int/docu/other/de/2002/p02-127d.htm, eingesehen am 01.03.2006

Schlusserklärung des Nordatlantikrates vom 16.09. – 18.09.1950, entnommen den Internetinformationen der NATO: http://www.nato.int/docu/comm/49-95/c500918a.htm, eingesehen am 20.02.2006

Vertrag über die Europäische Union, Amtsblatt Nr. C 191 vom 29. Juli 1992, entnommen den Internetinformationen der Europäischen Union: http://europa.eu.int/eur-lex/de/treaties/dat/EU_treaty.html#0105000050, eingesehen am 12.01.2006

Vertrag über eine Verfassung für Europa (noch nicht ratifiziert und in Kraft getreten), Vollständiger Verfassungstext, entnommen den Internetinformationen der Europäischen Union: http://europa.eu.int/constitution/de/lstoc1_de.htm, eingesehen am 18.01.2006

Vertragliche Grundlagen der Europäischen Union, entnommen den Internetinformationen der Politischen Union: http://www.politische-union.de/evgv/, eingesehen am 13.01.2006

Vertrag von Amsterdam zur Änderung des Vertrags über die Europäische Union, der Verträge zur Gründung der Europäischen Gemeinschaften sowie einiger damit zusammenhängender Rechtsakte, Amtsblatt Nr. C 340 vom 10. November 1997, entnommen den Internetinformationen der Europäischen Union: http://europa.eu.int/eur-lex/lex/de/treaties/dat/11997D/htm/11997D.html, eingesehen am 12.01.2006

Vertrag von Nizza zur Änderung des Vertrags über die Europäische Union, der Verträge zur Gründung der Europäischen Gemeinschaften sowie einiger damit zusammenhängender Rechtsakte, Amtsblatt Nr. C 80 vom 10. März 2001, entnommen den Internetinformationen der Europäischen Union: http://europa.eu.int/eur-lex/lex/de/treaties/dat/12001C/htm/C_2001080DE.000101.html, eingesehen am 12.01.2006

Voß, Stefan: Das Land in dem der KGB lebt, 18. März 2006, entnommen den Internetinformationen des Nachrichtenmagazines N-24: http://www.n-24.de/politik/ausland/index.php/a20060315163l0424677, eingesehen am 19.03.2006

www.ingramcontent.com/pod-product-compliance
Lightning Source LLC
Chambersburg PA
CBHW051757250726
48659CB00001B/466